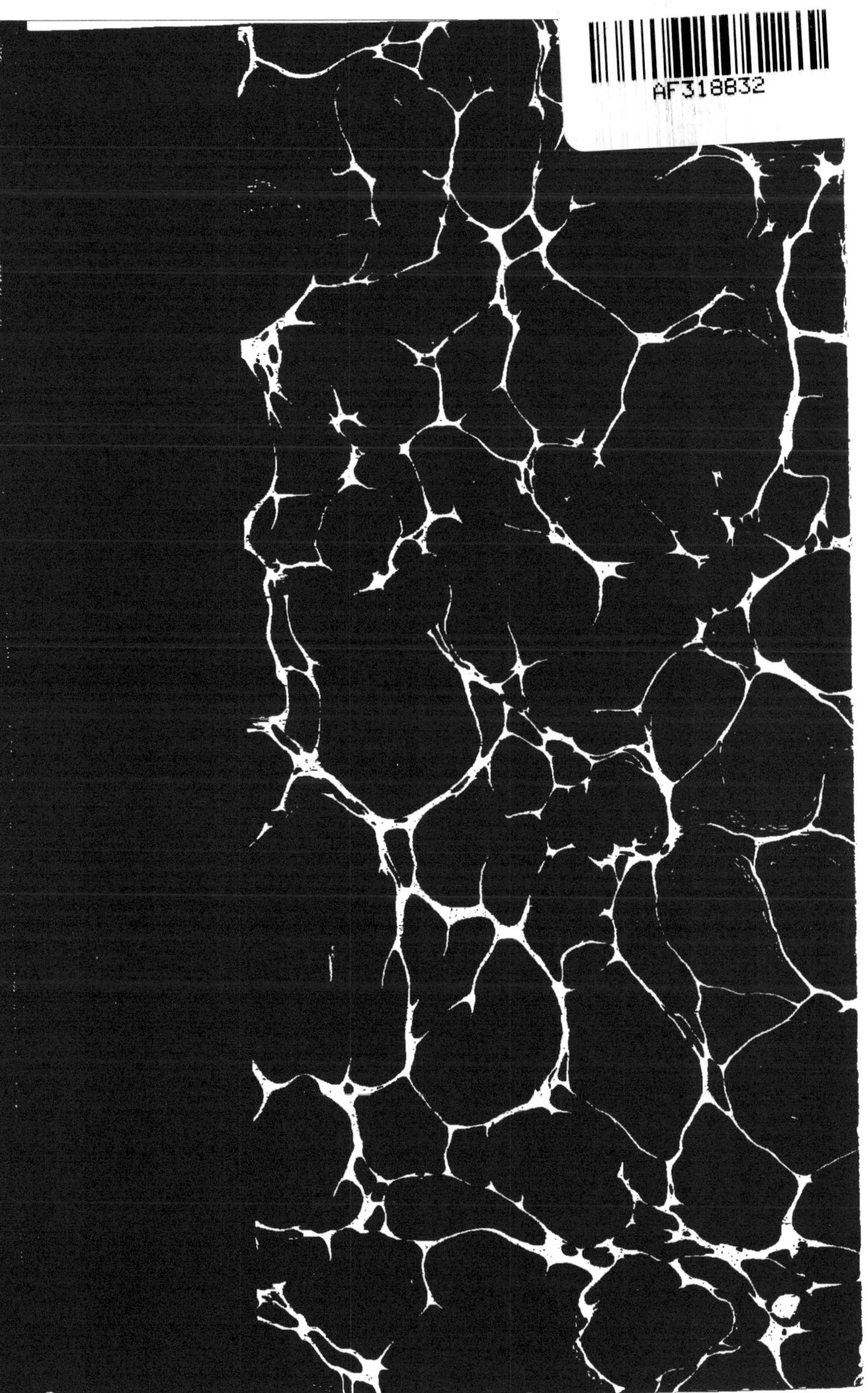

LAURENCHET 1877

HISTOIRE ANCIENNE,

OU

PREMIERE PARTIE

DE

L'HISTOIRE

DES

HOMMES.

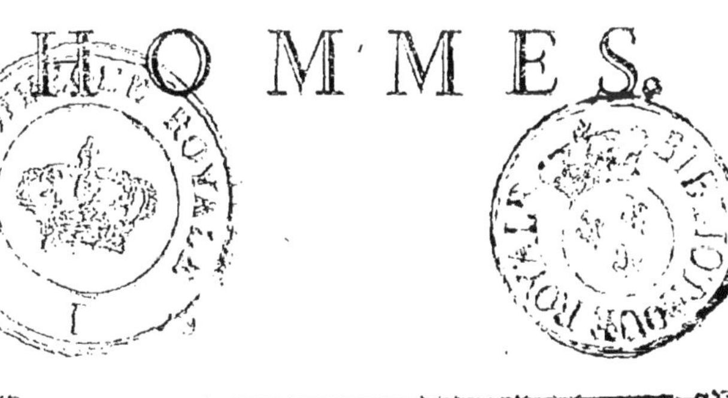

HISTOIRE

NOUVELLE

DE TOUS LES PEUPLES

DU MONDE,

OU

HISTOIRE

DES

HOMMES,

PARTIE DE L'HISTOIRE ANCIENNE

Ouvrage enrichi de Cartes & de Planches,
exécutées par les meilleurs Artistes.

TOME III.

A PARIS,

M. D. C. C. LXXIX.

Avec Approbation, & Privilege du Roi.

SUITE DE L'HISTOIRE

DU MONDE

PRIMITIF,

OU CONTINUATION

DE L'HISTOIRE

DES

ATLANTES.

HISTOIRE

DE BACCHUS (a).

Il ne s'agit plus ici de partager un héros en deux pour rendre vraisemblable la férie des événemens qu'on lui attribue ; on est obligé au contraire d'identifier plusieurs personnages que la diversité des noms sous lesquels on les a honorés avait authorisé à séparer. Les

---

(a) Diodore & Plutarque, vont être nos principaux guides dans cette histoire. Le Philosophe de Cheronée parle de Bacchus sous le nom d'Osiris dans son traité, *de Iside & Osiride* ; & Diodore dans les livres 1, 3 & 4 de son histoire universelle.

anciens nous en donnent l'exemple pour Bacchus; & en effet sans cette clef il est impossible de pénétrer avec fruit dans le cahos de son histoire.

Bacchus est l'Osiris de l'Egypte, le Dyonise de l'Inde, l'Adonis de Byblos & le Liber des Romains (*n.*)

(*a*) Divers savans ont donné l'étymologie de ces noms; leurs opinions ne sont ni assez fondées pour les admettre, ni assez importantes pour les refuter.

« *Bacchus* vient du Phénicien, *Bakoui*, qui » signifie *l'homme qu'on pleure*. (*On pleura, en* » *effet, beaucoup la mort en Egypte;*) *cela doit* » *demeurer sans contredit* ». Voy. *Réflex. critiq.* de Fourmont, tome I, pag. 108.

Le savant Fréret, qui n'empêche pas qu'on *le contredise*, fait venir Bacchus de l'Eolien, *Backhoa*, qui signifie une grappe de raisins. *Mém. de l'acad. des inscript.* édit. *in*-12, tome 38.

Osiris est peut-être *Osarsiph*, qui dérive de *Schar*, prince, & de *Siph*, épée; alors Osiris serait le prince de l'épée; voy. Fourmont, tome I, pag. 112. Le savant Gebelin fait venir Osiris du mot

Mais il n'eſt pas le Moyſe des Hébreux, quoique des ſavans diſtingués ſe
ſoient permis cette étrange hypotheſe *(a)*.

Ser, qui en Egyptien, & en Arabe, ſignifie
Semer, delà le mot oriental, *Oſir*, qui ſignifie
riche, puiſſant, qui a tout en abondance, & peut-
être notre mot *Sire*, dont on qualifie les rois.
Voyez le *monde primitif* au volume du *calendrier*, pag. 515.

Dyoniſe, eſt le dieu de Nyſa, Diod. lib. 1,
paragr. 8. Nyſa eſt une ville que les ſavans
mettent tantôt dans l'Inde, tantôt dans l'Arabie,
tantôt dans l'Ethyopie.

Adonis, ſynonyme de ſeigneur dans les langues
orientales, eſt un des noms ſous leſquels la Syrie
revérait le ſoleil, Plutarch. *Sympoſiaq*. lib. 4.
Or, Bacchus a ſouvent été pris pour le ſoleil.
Voyez ci-après l'*hymne de Marcien Capella*.

Liber caractériſe probablement la liberté qui
accompagne les orgies, qu'on célebre en l'honneur du dieu des vendanges.

(a) Voici le parallele de Voſſius, adopté par
le fameux evêque d'Avranche ; il ſervira à faire
connaître la maniere dont on enviſageait l'hiſtoire
au commencement du ſiecle de Louis XIV.

Les différens traits de ce parallele ont été raſ-

En avouant que Bacchus a été honoré
dans notre continent, sous diverses déno-

* * *

semblés par Fourmont, & sa singularité nous
oblige à le transcrire.

» Bacchus & Moyse sont nés en Egypte ; l'un
» & l'autre ont été mis sur le champ dans un
» petit coffre abandonné au gré des eaux.

» Tous deux ont eu deux meres.

» Tous deux ont été élevés en Arabie, se sont
» illustrés dans les armes, & ont eu des femmes
» dans leurs armées.

» Bacchus est nommé, *Bicornis* comme Moyse,
» *Exod.* cap. 34, vers. 29.

» Il y a des serpens dans ses mysteres.

» Il a un chien avec lui, comme Moyse,
» *Caleb* (mot des langues orientales qui signi-
» fie chien.)

» Les Bacchantes dans Euripide, d'un coup de
» thyrse font sortir de l'eau d'un rocher.

» Selon Nonnus, Bacchus, en frappant l'Oronte
» & l'Hydaspe de son Thyrse, les passe à pied sec. Ce
» Thyrse du dieu jetté à terre, devient un serpent ;
» les Indiens sont dans les ténebres pendant que les
» Bacchantes jouissent de la lumiere ». Voyez
*réflexions critiques sur l'origine des anciens peu-
ples*, tome I, pag. 118 & 119.

minations, on a avancé qu'il pouvait y avoir eu dans l'antiquité plufieurs princes qui ont pris ce titre refpecté (*a*) ;

Il n'y a que la bonne foi des Voffius & des Huet, qui puiffe faire excufer l'indécence d'un pareil parallele.

(*a*) Diodore, lib. 3 , paragr. 34, rapporte lui-même les traditions de fon tems fur trois Bacchus, dont l'un était né dans l'Inde, & les deux autres en Grèce ; mais il dit dans le même endroit, que fuivant une opinion plus répandue, » il n'y » avait eu qu'un feul héros de ce nom qui avait » enfeigné aux hommes à boire du vin , & à ra- » maffer le fruit des arbres ; qui avait conduit » une armée fur toute la furface du globe, & » à qui on devait l'invention des myfteres & les » Bacchanales ».

Le feul Bacchus, qui ne fe lierait point avec notre chronologie ferait celui qui naquit, fuivant les poëtes Grecs, dans la Béotie, de Jupiter, & de Semelé, fille de Cadmus. On connaît ce conte extravagant que le pinceau d'Ovide a embelli ; on fait que Semelé, ayant plus de vanité que d'amour, exigea de Jupiter qu'il vînt un jour la rouver avec tout l'appareil du maître du ton-nerre, que le dieu y confentir, & que la fille

mais cette conjecture est vague, & l'identité du conquérant de l'Inde avec

---

de Cadmus ne pouvant soutenir tant d'éclat, accoucha avant terme, & mourut. On ajoute que Jupiter prit l'enfant, le renferma dans sa cuisse jusqu'à ce qu'il eut atteint ses neuf mois, & ensuite accoucha lui-même de Bacchus, au grand étonnement de tous les immortels. Diod. lib. 3, paragr. 34 ; mais l'historien qui rapporte cette fable l'explique ailleurs, de maniere à confirmer nos doutes sur l'existence de ce Bacchus Béotien.

» Ceux, dit cet écrivain, qui croient que » notre héros est né à Thébes, en Béotie, de Ju- » piter & de Semelé, sont dans une erreur dont » voici l'origine. Orphée étant allé en Egypte, » fut initié aux mysteres d'Osiris; & comme il » était fort uni avec les descendans de Cadmus, » fondateur de la Thébes Béotienne, il transporta, » pour les flatter, tout l'honneur de la naissance » du dieu dans cette ville de la Grèce ; le peu- » ple, qui n'approfondit rien.... prêta volontiers » l'oreille à l'adulation d'Orphée... Au reste, la » fable dont je parle, fut fondée sur un événe- » ment historique. Cadmus, qui était originaire » de Thèbes en Egypte, eut entr'autres enfans

Osiris, suffit pour lier ensemble l'histoire divisée de tous les Bacchus de
l'univers.

» une fille nommée Semelé ; celle-ci abusée par
» un inconnu, conçut un fils dont elle accoucha
» au bout de sept mois, & qui avait une ressem-
» blance parfaite avec Osiris. Cet enfant mourut
» bientôt après, soit en punition de sa naissance
» illégitime , soit par les suites de sa naissance
» prématurée. Cadmus, qui consulta l'oracle sur
» cet événement , en vertu de sa réponse, fit
» dorer le corps embaumé du fils de Semelé,
» & lui offrit des sacrifices sous le nom d'Osiris,
» comme si ce dieu eût voulu apparaître une
» seconde fois aux hommes sous son ancienne
» forme. On ajoute qu'il attribua cette espece
» de renaissance à Jupiter ; soit qu'il voulut
» rendre son idole plus auguste , soit qu'il
» ne cherchât qu'à sauver l'honneur de sa fille...
» Cette fable d'Orphée s'est répandue dans les
» livres des mythologistes, & les poëtes l'ont
» transportée sur le théatre, ce qui a contribué
» encore plus à l'accréditer ». Diod. sicul. *hist.*
univerf. lib. 1 , cap. 13.

Je pourrais porter de même le flambeau de
la critique sur l'existence des autres Bacchus ;

Bacchus fous le nom d'Oſiris (a), a joué un grand rôle dans les fêtes de l'ancienne Egypte, & c'eſt ſur cette baſe que repoſe toute la théogonie de l'empire des Pharaons.

Les Egyptiens aſſuraient qu'il s'était écoulé 23 mille ans entre l'avénement de ce héros & le regne d'Alexandre, & quand les Grecs vinrent les éclairer ſur le néant de leur chronologie, ils réduiſirent cet intervalle à cent ſiecles (b), ce qui leur ſuffiſait encore pour humilier la vanité des peuples de l'Europe, qui ne pouvaient faire remonter ſi haut l'époque où ils avaient été civiliſés.

---

mais obligé de circonſcrire juſqu'aux notes érudites de mon ouvrage, je ne laiſſe entrevoir mon travail à mes lecteurs, qu'autant qu'il en faut pour mériter leur confiance.

(a) Toute l'antiquité s'eſt accordée à dire, que le Bacchus Grec était l'Oſiris Egyptien. Voyez ſur-tout Hérod. lib. 2, Diod. lib. 1, & Plutarch. de Iſide & Oſiride.

(b) Diod. *hiſt. univerſ.* lib. 1, pag. 13.

La mythologie Egyptienne était un peu confuse fur la naiſſance de fon Oſiris, car elle lui donnait trois peres, Saturne, le grand Jupiter & un roi Africain, nommé Jupiter-Ammon (a).

Mais c'était probablement du dernier que ce héros tirait fon origine.

Denys de Mytilene qui avait raſſemblé avec foin l'ancienne tradition fur les héros de l'Afrique (b), raconte ainſi la naiſſance de Bacchus - Oſiris. Ammon qui regnait près de la chaîne des Atlas, rencontra un jour én viſitant fes états, une fille d'une beauté rare, nommée Amalthée ; il n'eut pas de peine à la féduire, & Bacchus fut le fruit fecret de leurs amours ; cependant le prince qui craignait la jalouſie de Rhéa fon épouſe, fit tranfporter le fils

____

(a) Diod. lib. 1, paragr. 8.

(b) Diodore nous a confervé fur Bacchus les mémoires de ce Denys de Mytilene. Voyez lib. 3, paragr. 35, 36 & 37.

de fa maîtreffe à l'extrémité de fon
royaume , dans une ville de Nyfa ,
fituée dans une ifle que formaient diverfes branches du fleuve Triton ; Ariftée
& Minerve furent chargés de fon éducation & elle réuffit au-delà de leur
attente.

Les Egyptiens n'adoptaient point cette
partie de l'hiftoire d'Ofiris , leur vanité
aurait été humiliée, s'ils avaient fait
venir d'une contrée étrangere le héros
qui les avait gouvernés. Ils laifferent
donc entendre qu'Ofiris était né dans
le fein de l'Egypte ; & pour rendre
cette époque plus mémorable, ils l'il-
luftrerent par une merveille. Au moment, difaient les prêtres de Memphis,
où Ofiris vit le jour, on entendit une
voix dans les airs qui prononça diftinc-
tement ces mots : *un dieu vous eft né (a)*.
On fe doute bien que ce conte fur la
naiffance du conquérant Egyptien , ne

____

(a) Plutarch. *de Ifide & Ofiride*.

fut inventé qu'après sa mort, & lorsqu'on faisait les apprêts de son apothéose.

Ce prince parvenu à l'âge où la nature dit de se propager, épousa Isis sa sœur, usage long-tems adopté par les souverains de l'Egypte, qui regardèrent l'inceste comme un des privileges les plus précieux de leur couronne.

Lorsqu'Osiris parvint au trône, l'Egypte était partagée en plusieurs monarchies ; car Hermes, que Saturne y avait établi roi, vivait encore, & ce fut de ce Nestor, que le jeune Télémaque apprit l'art de regner.

Il y avait à cette époque, dans les plaines fécondées par le Nil, des hommes féroces, qui mangeaient leurs semblables. Osiris, en faisant naître autour d'eux d'utiles végétaux, les ramena insensiblement à la nature, & dès lors il n'y eut plus d'Antropophages.

Ce prince fut le premier qui cultiva la vigne, & qui apprit ainsi aux hommes à diffiper les nuages de la trifteffe, en les tranfportant fur leur raifon.

Il raffembla des hordes errantes, & bâtit pour elles dans la Thébaïde, la fameufe Thebes aux cent portes, qu'il appella Diofpolis.

Il faut rapporter à cette époque la guerre momentanée que Bacchus foutint contre un Titan, nommé Saturne, qu'il ne faut pas confondre avec le farouche fils d'Ouranos (a). Le Titan avait vaincu Ammon dans une bataille rangée, & s'était emparé de fes états. Nôtre héros vola au fecours de fon pere, défit à fon tour Saturne, le prit prifonnier & le punit en roi, c'eft-à-dire, en lui rendant fon trône. On a dit la même chofe d'Alexandre, vain-

----

(a) Ce fecond Saturne avait époufé Rhéa, femme d'Ammon, qui n'avait pu pardonner au roi Africain, de lui avoir donné des rivales; la vengeance de cette femme avait feule allumé la guerre. Diod. lib. 3, paragr. 36.

queur de Porus, & ces deux traits de générofité, ont trouvé dans les uns la même admiration, & dans les autres la même incrédulité.

La renommée, au refte, a beaucoup groffi les merveilles de ce regne ; on a dit, par exemple, qu'Ofiris avait bâti deux temples d'or maffif, au Jupiter fils de Saturne, & au prince du même nom, qu'il appellait fon pere (a). Affurément il n'y avait pas alors dans le monde connu, affez d'or travaillé pour en conf-truire les murs du plus petit édifice, & quand Ofiris aurait pu exploiter toutes les mines du globe, il n'aurait pas trouvé d'artiftes capables de conftruire fes deux temples d'or, dans un pays encore affez barbare pour qu'il y eût des Antropophages.

Le Bacchus Egyptien, dévoré de la

(a) Diod. lib. 1, paragr. 8.

noble ambition de faire au refte du monde, le bien qu'il avait fait à fon pays, affembla une grande armée qu'il deftina à cette conquête pacifique du globe ; car fon objet n'était point d'envahir des états qui ne lui appartenaient pas, mais d'exterminer la race des brigands qui les infeftaient, de propager les arts, & de faire par-tout refpirer en paix le génie & la vertu.

Ofiris fit un vœu fingulier en partant, c'eft de ne point couper fes cheveux qu'il ne fût de retour de fon expédition ; il établit Ifis vice-reine de l'Egypte, lui donna Hermes pour confeil, Hercule pour général d'armée, & commença enfuite fa campagne mémorable.

Diodore dit expreffément que ce héros, au fortir de fes états, prit fa route par l'Ethyopie (a) ; mais un favant moderne, dont les romans philofophiques ont fait

____

(a) Lib. 1, paragr. 9.

beaucoup de fortune, marque fa route par le Spirtzberg & la nouvelle Zemble (*a*) ; quelque eftime que nous faffions de ce favant, nous ne pouvons adopter fon itinéraine. Son Bacchus qui fe rend prefque en un clin d'œil du pole à l'équateur, reffemble trop au Jupiter d'Homere, qui fait trois pas, & au dernier fe trouve aux limites du monde. Les conquérans ne voyagent pas tout-à-fait auffi légérement que les dieux de la mythologie.

L'hiftoire nous a confervé le nom de quelques-uns des perfonnages qui fuivirent Bacchus dans fon expédition autour du monde ; c'était Apollon fon frere, Silene un de fes inftituteurs (*b*),

____

(*a*) *Lettres fur l'Atlantide*, pag. 401 & 402.

(*b*) Diodore fait entendre que ce Silene avait une queue naturelle comme nos quadrupedes, & que cette fingularité phyfique de conformation lui venait de fes ancêtres. Voyez *Hift. univerf.* lib. 3, cap. 36.

Pan, Anubis & un Macédon qu'il fit
roi de Macédoine.

Tous ces guerriers avaient adopté un
habillement fait pour infpirer la terreur;
Anubis était revêtu d'une peau de chien,
Macédon de celle d'un loup & Bacchus
lui-même de la dépouille d'une panthere.

Le refte du cortege de ce conquérant ne répondait pas à ces dehors
terribles ; il avait enrôlé fous fes drapeaux une troupe de muficiens qui char-
maient par leurs concerts les ennuis
de la route ; il y joignit une efpece
d'Amazone, à qui il donna pour armure
une baguette entourée de pampres de
vignes, & le chœur des neuf Mufes.

Bacchus arrivé en Ethyopie, fut reçu
des habitans comme un dieu tutelaire ;
il leur témoigna fa reconnaiffance en
leur enfeignant l'agriculture.

On lui préfenta dans cette contrée
Africaine, des fatyres, finges de la grande
efpece, qui femblent former la ligne intermédiaire entre l'homme & l'animal, &

que la phyſique moderne a déſignés ſous le nom d'Orang-Outangs. Le conquérant en prit quelques-uns à ſa ſuite ; c'étaient ſes bouffons, & il était moins humiliant pour nous de les choiſir parmi les ſinges que parmi les hommes.

Bacchus, après avoir traverſé l'Ethyopie , parcourut l'Arabie , bâtit dans l'Inde une ville de Nyſa , revint dans l'Europe par l'Helleſpont, donna à un de ſes favoris le trône de la Macédoine , vit par-tout des colonnes érigées ſur ſon paſſage, comme un monument de ſes victoires (*a*) ; & rentra en Egypte, où il jouit de ſon vivant des honneurs de l'apothéoſe.

Diodore prétend que ce prince ne mit que trois ans à cette expédition mémorable (*b*). Cela ſerait à peine poſ-

____

(*a*) On a conſervé long-tems quelques-unes de ces colonnes dans l'Inde. Voyez *Denys Perieg.* vers 623.

(*b*) Lib. 3 , paragr. 34.

fible à un homme feul qui parcourrait ainfi la moitié du globe, uniquement dans le deffein de le parcourir ; à plus forte raifon à un conquérant qui bâtit des villes, qui livre des batailles & qui voyage avec des femmes.

Quoique Bacchus en fe montrant ainfi à la plus grande partie du monde connu, n'eut cherché qu'à exercer fa bienfaifance, il ne fut pas toujours philofophe; il y eut des peuples libres qui ne voulurent point accepter les fervices qu'on voulait leur rendre les armes à la main ; le héros les punit & c'eft une tache à fa mémoire.

Parmi ces peuples il faut compter les Scythes, chez qui Bacchus exerça divers actes d'hoftilité, ce qui les empêcha de le diftinguer de la race vulgaire des conquérans. Ces Scythes eurent même tellement en horreur le nom de ce prince, que long-tems après fa mort, ils firent mourir un de leur roi nommé Scyles, pour avoir préfidé à une de ſes fêtes célébrées par les Grecs qui étaient établis à l'embouchure du Boryſthène (a).

Bacchus avait inſtitué des myſteres, & il ne voulait point que la calomnie en empoiſonnât les cérémonies ; lorſqu'il rencontrait des incrédules qui oſaient s'en jouer, il les rendait inſenſés, probablement à l'aide d'un breuvage, ou bien, il les faiſait déchirer par ſes Amazones. C'eſt à l'occaſion de ce dernier attentat du fanatiſme, qu'il inventa un nouveau ſtratagême de guerre ; il fit du thyrſe de ſes Bacchantes, une lance dont le fer était caché ſous des feuilles de lierre ; l'ennemi qui ne ſe défiait pas d'un pareil artifice, s'approchait & on le mettait à mort. L'hiſtoire dit que Bacchus punit ainſi un Myrhane, roi de l'Inde, un prince Grec, nommé Penthée & un Lycurgue, ſouverain de la

---

Hérodote, lib. 4.

partie de la Thrace qui eſt ſituée ſur l'Helleſpont (a).

Sans chercher à déchirer le voile impénétrable qui couvre les myſteres de Bacchus, il me ſemble qu'ils prétaient aſſez à la critique pour que leur inſtituteur n'éclairât pas ſes ennemis en les aſſaſſinant. Des femmes telles que les Bacchantes qui s'abandonnent à l'ivreſſe , qui célebrent à demi nues leurs orgies religieuſes , qui paſſent leur vie au milieu des ſoldats dont elles partagent la licence, ne ſont pas des êtres bien reſpectables , & il était permis aux détracteurs des myſteres de les prendre pour des courtiſannes.

L'imputation avait d'autant plus de vraiſemblance, que Bacchus n'était point né inſenſible. On nous le peint de la plus rare beauté, malgré les excroiſſances qu'il avait ſur le front, & qu'on prenait

____

(a) Diod. lib. 3 , paragr. 34.

pour des cornes ; & l'hiftoire ajoute qu'il était *fort adonné aux plaifirs de Vénus* (a).

Enfin, ce qui confirme notre foupçon fur la licence de ces myfteres, c'eft qu'Orphée le plus célèbre des difciples de Bacchus, fut obligé de les rectifier (b).

On eft tenté de croire, que c'eft quelque profanation de ces myfteres indécens, qui fut le principe de la mort prématurée de Bacchus. Nous avons vu que ce héros, étant entré dans la Thrace après fa conquête de l'Inde, trouva mauvais que le roi Lycurgue eut refufé de s'y faire initier. Bleffé de cette audace facrilege, il livra bataille au prince incrédule, le fit prifonnier fur le champ de bataille, ordonna qu'on lui crévât les yeux, & après avoir épuifé fur fa victime tous les opprobres & tous les

______

(a) Diod. lib. 4, paragr. 2.

(b) Voilà pourquoi ces myfteres furent appellés *Orphiques*. Diod. lib. 3, paragr. 34.

tourmens, il le fit mettre en croix (*a*); voilà comme fe vengent les chefs de fecte, & Bacchus l'était, à la honte de fon fiecle & de fa religion.

Les Thraces ne laifferent pas la mort de Lycurgue impunie. On prétend qu'il fouleverent les Titans contre ce Mahomet des Atlantes; que Bacchus fut défait, & que fes vainqueurs, après avoir coupé fon corps en morceaux, le firent bouillir dans une chaudiere (*b*).

La tradition Egyptienne ne fe rapporte point à cet égard avec celle des Thraces. Suivant le récit des prêtres de Memphis, qui a été adopté par la partie la plus faine des écrivains de l'antiquité, la mort de Bacchus ne fut que le crime de la politique, & il ne faut point la regarder comme le fruit amer des guerres de religion.

(*a*) Diod. lib. 3, paragr. 34.

(*b*) Ainfi l'ont dit, Callimaque & Euphorion. Voyez Tzetz. *ad Lycoph.* pag. 29.

Bacchus ou Osiris avait un frere nommé Typhon , jaloux depuis long-tems de son trône & de sa gloire ; durant le cours de son expédition en Asie , ce prince ne put occasionner aucun trouble en Egypte, à cause de l'extrême vigilance d'Isis ; mais au retour du roi, Typhon se mit à la tête d'une conjuration, assassina Osiris , & partagea son cadavre en vingt-six morceaux , qu'il distribua aux vingt-six complices de son parricide (a).

Plutarque raconte, avec d'autres détails , la mort cruelle du conquérant de l'Inde ; suivant ce philosophe, Typhon eut recours à un stratagême qui n'est gueres dans nos mœurs. Il donna un grand dîner à son frere , & il y invita une reine d'Ethyopie , & soixante-douze autres convives, qui étaient tous membres de sa conspiration. Au milieu de l'ivresse du festin , on apporta un

____

(a) Diod. lib. 1 , paragr. 11.

coffre de la grandeur d'un homme, où l'artiste avait épuisé son goût & sa magnificence. Tout le monde admira à l'envi la beauté de sa sculpture, & Typhon promit d'en faire présent à la personne qui le remplirait de son corps le plus exactement. Chaque convive entra à son tour dans le coffre; Osiris eut l'imprudence de s'y mesurer aussi; alors on ferma le couvercle sur lui; on fit couler du plomb fondu dans une de ses ouvertures, & on précipita le tout dans la mer. Osiris périt ainsi la vingt-huitieme année de son regne, ou selon d'autres, de sa vie (a).

Les suites du meurtre d'Osiris se concilient mieux avec le premier récit. On prétend qu'Isis vengea, par la mort de Typhon, celle de son époux; elle s'occupa alors à recouvrer tous les lambeaux d'un cadavre qui lui était cher, & elle y réussit; tout fut recouvré, à l'excep-

---

(a) Plutarch. *de Iside & Osiride.*

tion de l'organe générateur, que sa veuve fit représenter en cire, & qui, sous le nom de Phallus, obtint un culte obscene & des sacrifices.

Isis, non contente de ce délire religieux de sa tendresse, fit faire en cire autant de momies d'Osiris, qu'elle avait trouvé de parties de son corps déchiré. Elle mit un de ces lambeaux dans chaque momie, & les donna à diverses sociétés de prêtres, en les assurant toutes à part, qu'elle les faisait dépositaires du cadavre entier de son époux. Pour augmenter la foi que ces colleges sacerdotaux pouvaient avoir en ses discours, elle leur assura la propriété du tiers de l'Egypte ; alors les prêtres trompés, mais enrichis, établirent un culte particulier pour Osiris, & donnerent le plus grand éclat à son apothéose.

Un grand nombre de siecles après cette sanglante tragédie, on montrait encore dans une isle formée par les détours du Nil, un tombeau superbe, élevé par la reconnaiſſance des prêtres au dieu qu'on leur avait donné parta-gé en vingt-ſix momies. Ce tombeau était entouré de 360 urnes, qu'on rem-pliſſait tous les jours de lait ; les mi-niſtres des autels avaient ſeuls le droit d'en approcher, & c'était par des pleurs & des cris funebres qu'ils honoraient ſa mémoire.

Ce culte lugubre d'Oſiris ſe répandit de bonne heure chez les Phéniciens, & voilà l'origine de ce deuil d'Adonis (a),

---

(a) » Oſiris & Iſis, ſont l'Adonis & l'Aſtarte » de la Phénicie.... & il ne faut point s'étonner » de la différence de leurs hiſtoires. Dans le tems » où on n'écrivait pas , elles étaient ſujettes à » s'altérer ; quand les fables voyagent, quand » elles durent pendant des ſiecles , elles ſe modi-» fient dans l'eſprit des hommes & dans le cours » des générations, comme les animaux & les » végétaux tranſplantés . ... D'ailleurs, on ſait » combien le même fait raconté chez deux peu-» ples pendant des ſiecles, peut être changé par » l'amour du merveilleux, par le défaut de mé-» moire, ou par l'abus de l'imagination. C'eſt

qu'on a retrouvé répandu dans un tiers de notre continent, & qu'un favant de nos jours, fameux par fes lumieres & par fes paradoxes, regardait comme une fête commémorative du déluge (a).

C'eft à l'occafion de ces fêtes lugubres, inftituées en l'honneur du dieu maffacré par Typhon, que Xenophane dit un jour à un prêtre Egyptien : *fi, tu regardes Ofiris comme une divinité, pourquoi le pleures-tu ? S'il n'eft qu'un homme dont tu plains les malheurs, pourquoi l'adores-tu (b) ?* Il était difficile de répondre au dilemme de ce philofophe.

» beaucoup, fi après un long intervalle, les traits
» principaux ne font pas effacés, & fe reffem-
» blent encore ; ces traits originaux fubfiftent
» pourtant dans les deux fables d'Ofiris & d'A-
» donis ». *Lettres fur l'Atlantide*, pag. 115 &
116.

(a) Voyez *l'antiquité dévoilée*, fur-tout le premier volume.

(b) Plutarque, *difcours érotique.*

Le tombeau d'Oſiris, dans une iſle de la Thébaïde, n'empêchait pas qu'on n'en montrât un autre dans la ville de Nyſa en Arabie. Ce monument renfermait probablement une des vingt-ſix momies du dieu, données par ſa veuve aux prêtres de l'Egypte ; il était diſtingué de l'autre, par une inſcription en caractères ſacrés que Diodore a pris la peine de traduire.

» Je ſuis le roi Oſiris, qui, ſuivi d'une » armée formidable, ai parcouru la terre » entiere, depuis les ſables inhabités de » l'Inde juſqu'aux glaces de l'Ourſe, & » des ſources de l'Iſter aux rivages de » l'océan. Le monde dont j'ai été le » bienfaiteur, a hérité de mes découvertes (a) ».

____

(a) On liſait auſſi ſur la colonne qui portait cette inſcription, ces mots : *je ſuis le fils ainé de Saturne* ; Diod. lib. 1, cap. 15. Mais nous avons déja obſervé que la tradition la moins ſuſpecte ſur la généalogie de Bacchus, était celle qui lui donnait pour pere Jupiter-Ammon.

Tels font les détails de la vie mor-
telle de ce Bacchus, que les enthoufiaftes,
tant anciens que modernes de l'allégorie,
ont regardé comme le fymbole du foleil,
& à qui ils ont adreffé en cette qualité
des hymnes (a). Nous avons déja ob-

(a) Je veux parler ici d'une hymne de l'Africain Capella, adreffée à Bacchus, comme emblême
du foleil, qui renferme un précis de la théologie myftique de Pythagore, & que je vais tranf-
crire par le double motif de fa bifarrerie & de
fon antiquité.

L'ouvrage eft tiré du livre qui a pour titre
de nuptiis philologiæ & Mercurii, & je fuis en partie
la traduction du favant Gebelin, *monde primitif*,
volume de *l'hiftoire du Calendrier*, pag. 545.

» Force fuprême d'un pere inconnu, ô toi ! fon
» premier né, principe du fentiment & de l'in-
» telligence, fource de la lumiere, roi de la
» nature, gloire des dieux, & preuve de leur
» exiftence.... toi, qui donnes feul aux mondes
» fupérieurs une chaleur tempérée, & qui dictes
» tes loix aux conftellations, fous le nom def-
» quelles on honore les dieux, parce que tu es
» placé dans le quatrieme orbite, & que le nom-
» bre qui t'eft confacré, t'a été affigné par la

fervé , que l'allégorie dénaturait entiérement la dialectique des faits , & nous
ajouterons ici , qu'il était infiniment plus

» droite raifon ; en forte que dès le commen-
» cement , tu nous donnes un double tétra-
» chorde.

  » Le Latium t'appelle foleil , parce que toi
» feul , tu es après ton pere la fource de la
» lumiere ; douze rayons , fymboles des heures ,
» couronnent ta tête facrée , quatre courfiers
» font attelés à ton char , image de ta victoire ,
» fur le quadrille formé par les quatre élémens.
  » ... Sous le nom de *Phœbus* , tu découvres les
» fecrets de l'avenir , & fous celui de *Lyæus* ,
» tu diffipes les myfteres de la nuit ; le Nil
» t'invoque fous le titre de *Sérapis* , Memphis
» fous celui d'*Ofiris* ; dans les fêtes de l'hiver
» on t'appelle *Mythra* , *Pluton* , & le barbare
» *Typhon* ; on te révere auffi fous le nom du
» bel *Atys* , de l'enfant chéri de l'agriculture.
» Dans la Lybie embrafée , tu es *Ammon* &
» *Adonis* à Byblos ; ainfi fous diverfes dénomi-
» nations, tu partages les hommages de l'uni-
» vers.
  » Je te falue , image vivante des dieux , toi ,
» dont trois lettres qui valent en nombre , fix

aifé de combiner avec quelques obfervations aftronomiques , un petit nombre
d'anecdotes qu'on nous a tranfmifes fur
Bacchus , que d'écrire fon hiftoire.

» cens huit , forment le nom myftérieux , le
» furnom & le préfage , accordes - nous de
» monter fous tes aufpices à la voûte célefte ,
» & d'y affifter à l'affemblée des intelligençes ».

Il ne faut pas trop s'appefantir fur l'ignorance
du poëte Capella , qui confond Bacchus avec
Ammon qui lui donna le jour , & avec Typhon
qui l'affaffina ; ce n'eft pas à l'hiftorien des
hommes à commenter ou à réfuter des logo-
gryphes.

HISTOIRE
D'HERCULE.

Hercule eſt le dernier des héros Atlantes dont l'hiſtoire doive nous occuper. Nous ne tarderons pas à quitter ce monde primitif, entouré de merveilles, où le philoſophe erre ſans guide, ne rencontrant que des demi-dieux, dont il eſt obligé de réduire la taille coloſſale; & le monde où nous entrerons, plus analogue à celui que nous nous glorifions d'habiter, ſera du moins percé de grandes routes; nous y verrons de tems-en-tems des monumens chargés d'inſcriptions que nous pourrons déchiffrer; & le regne des intelligences ſera place à celui des hommes.

L'imagination oiſive des ſavans de tous les âges, s'eſt occupée à créer un grand nombre d'Hercules (*a*); mais

______

(*a*) Cicéron en comptait ſix, & Varron qua-

quand on veut comparer tous les tableaux qu'ils nous en ont tracés, on

---

rante-trois ; mais quand on examine sans préjugé tous ces personnages, on n'a pas de peine à reconnaître leur identité ; par exemple, il est évident que l'Hercule de Tyr, celui de Thase, celui de Cadix & celui de Carthage, sont le même demi-dieu, dont le culte a été porté par les Phéniciens dans leurs colonies.

L'Hercule Erythréen, honoré en Achaye, a la même origine, puisque Pausanias dit que sa statue fut transférée de Tyr dans la Grèce sur un radeau. *Voyag. de l'Achaye.*

Il en est de même de l'Hercule Indien, que les peuples de l'Asie ont reçu de ces navigateurs célebres, dans leur expédition autour du golphe Persique & de la mer Rouge.

Tous ces Hercules sont évidemment le Mélicerte ou l'Hercule de Sanchoniaton.

Pour l'Hercule, fils d'Alcmene, & qui est infiniment plus récent que l'Hercule oriental, on peut identifier avec lui un grand nombre de héros de ce nom, dont parlent les écrivains de l'antiquité.

Tel est l'Hercule, fils de Lysité, qui se battit

s'apperçoit aifément qu'il n'y a que deux originaux, & que tous les autres font des copies.

Ces deux Hercules originaux font le Melicerte de Sanchoniaton & le fils d'Alcmene ; on peut défigner le dernier fous le nom d'Hercule Grec, & l'autre fous celui d'Hercule de l'orient (*a*).

---

contre Apollon pour le trépied de Delphes, Cicéron *de natur. deor.* lib. 3.

Tel eft l'Hercule du mont Ida, qui inftitua les jeux olympiques, Cicer. *Loc. cit.*

Tels font les quatre Hercules du mont Aventin, du mont Palatin, des Samnites & des Pélafges d'Italie, dont fait mention Denys d'Halicarnafe, *antiq. Rom.* lib. 1.

On pourrait auffi le confondre avec l'Hercule Gaulois, dont Lucien a fait le dieu de l'éloquence.

(*a*) Ce ferait une autre erreur non moins dangereufe, que de confondre les deux Hercules que je défigne ici ; Hérodote a dit expreffément que le héros Phénicien était très-antérieur à celui de la Grèce, lib. 2, paragr. 44.

Les Grecs, les plus grands plagiaires
du monde connu, qui ont fait leur
mythologie avec les dieux des autres
peuples, & leur hiftoire primitive avec
des héros qui ne leur appartenaient pas,
n'ont pas manqué de tranfporter dans la
vie de leur fils d'Alcmene, la plus grande
partie des détails de celle de l'Hercule
oriental. Il nous eft impoffible, après
tant de fiecles, de diftinguer à cet égard
leurs écrits légitimes de leur plagiat, &
quand même, à force de recherches in-
grates & pénibles, nous y réuffirions, le
travail qui en réfulterait, propre à fatis-
faire une frivole curiofité, ferait perdu

De plus, il eft conftant qu'on honorait dans
le fameux temple de Gades l'Hercule Grec &
l'Hercule de l'orient, & que leur culte y était
très-diftingué. Voyez Philoftrat. *vit. Apollon*,
lib. 2, cap. 14, & lib. 3, cap. 6.

Ces preuves deviennent une démonftration,
quand on fait que Diodore a ofé mettre entr'eux
cent fiecles d'intervalle, *hift. univerf.* lib. 1,
paragr. 13.

pour le grand but moral que doit fe propofer l'hiftorien des hommes.

Hercule a été défigné chez les peuples qui ont été les dépofitaires de fon culte fous une foule de noms bifarres, dont on ne peut affeoir l'étymologie (a).

L'Hercule oriental, ou le Melicerte de Sanchoniaton, était de la famille d'Ouranos. Nous avons vu que le prince Atlante, toujours infidele à Ghé, quoique cette infidélité fût le principe de fes crimes & de fes malheurs, avait une

------

(a) Une des plus extraordinaires eft celle d'*Hercule* même, donnée par le Clerc. Ce favant prétend que ce mot vient d'*Harokel*, qui fignifie *Négociant* dans les langues orientales, *biblioth. univerf.* tome I, pag. 245.

Une des plus naturelles eft celle de ce héros fous le nom de *Melicerte*, il eft affez probable que c'eft un dérivé de *Melch* ou *Melk*, qui, en Phénicien fignifie *roi*, & de *Scarch*, qui veut dire *ville*. Hercule dans un fens, était le roi de toutes les villes qu'il bâtiffait, où dont il était le bienfaiteur.

maîtreſſe favorite que Saturne enleva ſur le champ de bataille, & qu'il fit épouſer à un de ſes freres ; cette rivale de la femme d'Ouranos ſe trouvait enceinte à l'époque de ſon enlevement, & elle accoucha bientôt d'un fils appellé Demaroon, qui fut le pere d'Hercule.

Diodore, qui avait ſur l'Hercule oriental des mémoires, qui, depuis ſe ſont perdus, a voulu fixer l'époque où vivait ce héros, & il met hardiment cent ſiecles d'intervalle entre lui & le fils Adultérin d'Alcmene & d'Amphitrion (*a*).

(*a*) Un ſavant moderne, effrayé de ce nombre prodigieux d'années, mais n'oſant accuſer de faux un écrivain tel que Diodore, ſe contente de concilier cette antique chronologie avec la nôtre, en ſuppoſant que les années dont il s'agit ici, ne ſont que des années de quatre mois, ce qui les réduit à 3333, au lieu de 10000, *hiſt. de l'aſtronomie ancienne*, pag. 80.

Je ne connais rien de ſi arbitraire que de pareils calculs qu'on fait toujours, non pour

Cet hiſtorien ne préſente aucune preuve de ſa chronologie, mais il en donne
du moins de la prodigieuſe antiquité de

---

trouver la vérité, mais pour étayer des ſyſté-
mes.

Il n'y a pas plus de raiſon pour adopter ici
des années de quatre mois que des années de
deux mois, dont l'Egypte ſe ſervait au rapport
de Cenſorin, *de die natal.* ou des années d'une
ſaiſon qu'imagina un fils d'Oſiris, Cenſor. *ibid.*
ou des années d'un jour, que les prêtres de
Memphis employaient dans leur calendrier avant
l'époque des premieres dynaſties. *Fragment. ex
chronic. Alexandr.*

Le calcul des dix mille ans de Diodore dans
le ſyſtême des années de deux mois, forme un
peu plus de 1666 ans.

Celui du fils d'Oſiris le réduit juſte à vingt-
cinq ſiecles.

Dans l'hypotheſe qui fait l'année d'un jour,
les cent ſiecles de Diodore ne font pas vingt-
huit ans.

Tous ces calculs valent bien ceux de l'hiſtorien de l'aſtronomie ; mais il ne font rencontrer
ni Diodore, ni la vérité.

l'Hercule de l'orient. « Les Grecs, dit-il,
» ont eu tort de transférer à l'Hercule
» qu'ils ont vu naître les exploits & la
» gloire de l'autre ; ils assurent que le
» fils d'Alcmene défendit Jupiter contre
» les Géans ; mais il ne pouvait y avoir
» de Géans vers l'époque de la prise de
» Troye ; les monstres dont ils préten-
» dent qu'il a purgé la terre, n'ont pu
» aussi paraître dans un tems où des
» villes puissantes étaient habitées par
» des peuples civilisés ; les armes seules
» qu'on lui donne, telles que sa massue,
» annoncent les siecles reculés où il a
» fleuri. Alors les armes offensives &
» défensives n'avaient pas encore été in-
» ventées, & les hommes ne luttaient
» entr'eux qu'avec des bâtons (a) ; ces
» bâtons avaient succédé sans doute aux
» armes de la nature.

(a) Ce texte très-long dans Diodore , n'est
ici qu'en analyse. Voyez *hist. univers.* lib. 1 ,
paragr. 13.

Malgré toutes ces raifons de nous défier de l'Hercule Grec, comme tous les ouvrages qui renfermaient une tradition plus authentique des Atlantes, font anéantis, il faut bien fe réfoudre à confacrer quelques pages à fon hiftoire. Seulement j'aurai foin de ne prendre pour guide que l'écrivain Grec, qui, ayant eu le courage de ne point époufer les préjugés de fon pays, a mérité d'être écouté de tous les hommes (a).

Jupiter, amoureux d'Alcmene, & ne pouvant obtenir fes faveurs, eut recours, dit-on, à un ftratagême ; il ne prit pas la figure d'Amphytrion, comme l'ont dit Plaute & Moliere, qui cherchaient plus à être plaifans qu'à inftruire, mais fes habits & fon tón de voix ; ainfi déguifé,

---

(a) L'hiftoire d'Hercule de Diodore eft éparfe dans plufieurs endroits de fon ouvrage ; mais les plus grands détails qu'il donne fur ce héros, fe lifent au livre 4 de fon hiftoire univerfelle, & ils tiennent depuis le cinquieme paragraphe jufqu'au onzieme.

le dieu se présenta dans l'ombre de la nuit à sa maîtresse sous le nom de son époux, fut reçu dans ses bras, & parce que ses sens furent satisfaits, il se crut heureux.

Comme la nature ne pouvait mettre trop de tems à l'organisation de l'homme le plus robuste qui eût encore paru ; on imagina que la nuit où Alcmene prodigua ses faveurs au faux Amphytrion qui l'abusait, avait eu une durée triple des nuits ordinaires, ce qui signifie seulement que l'amant avait passé trois fois plus de tems avec Alcmene que l'époux. Quoi qu'il en soit, Hercule fut le fruit de cette jouissance illégitime.

Les serpens que le héros étouffa dans son berceau, auraient paru des présages de sa vigueur future, si ce conte n'avait été imaginé, lorsqu'après avoir terrassé une foule de monstres, il fut en état de justifier toutes ces rêveries de la crédulité, qu'on appelle des présages.

Hercule fut élevé à Thebes, & à peine eut-il atteint l'âge de l'adolescence, qu'il fut le libérateur de cette ville. Un roi obscur des Myniens, nommé Ergyne, avait conquis cette ville, en avait désarmé les habitans, & leur avait imposé des loix aussi dures qu'humiliantes. Un jour que les commissaires du roi Mynien venaient lever le tribut accoutumé, & en exigeaient le paiement avec tyrannie, le fils d'Alcmene parut dans la place publique, & sans s'amuser à disputer avec les satellites du despote, il leur coupa les pieds & les mains. Ergyne insulté dans la personne de ses représentans, demanda qu'on lui livrât Hercule, & on était décidé dans Thebes à obéir. Le jeune guerrier alla prendre dans les temples les armes sacrées qui y étaient suspendues, les distribua à ses amis, & se mettant à leur tête, courut au-devant du roi des Myniens; il le rencontra heureusement dans un défilé, passa sa suite au fil de l'épée, le tua lui-même, & entra en souverain dans cette Thebes, où il était destiné à périr sur un échaffaut.

Le bruit de cet exploit se répandit dans toute la Grèce, & l'envie, à cet égard, parla le langage de la reconnaissance, elle en était consolée, en publiant qu'il était dû au fils adultérin de Jupiter.

De ce moment, Hercule encouragé par la renommée, ne fit que marcher de victoire en victoire.

Il y avait alors dans la Grèce des hommes qui avaient réussi à dompter des chevaux, & que leur habitude à les monter, faisait passer aux yeux de la multitude pour des Centaures, c'est-à-dire, pour des êtres particuliers qui tenaient de la nature du cheval & de celle de l'homme. Ce délire de la stupidité, n'est pas particulier aux contemporains d'Hercule, & on sait que les Péruviens le ressusciterent à l'arrivée des Espagnols dans le nouveau monde. Les Centaures Grecs, comme ceux qui marchaient sous les drapeaux de Pizarre, étaient des brigands qui abusaient de leur force ; le fils d'Alcmene les combattit & les mit à mort. C'eſt alors que périt Chiron, le médecin le plus célebre de ſon tems ; mais la volonté du héros n'eut point part à cette mort, & il ne faut point en faire un crime à ſa mémoire.

Après ſa victoire contre les Centaures, Hercule marcha contre les géans qu'on croyait nés de la terre, & il les défit. C'eſt la fameuſe guerre des Titans, où les poëtes font entaſſer aux Typhée & aux Encelade, montagnes ſur montagnes, pour eſcalader le firmament ; cette fable eſt réduite dans Diodore à ſa juſte valeur : elle n'offre rien de plus merveilleux que la lutte de quelques hommes, ſupérieurs par leur taille, contre un héros qui les effaçait par ſon courage.

Hercule, après avoir défendu Jupiter contre les géans, défendit Prométhée contre lui. Nous avons vu que cet Atlante du mont Caucaſe avait été puni par le fils d'Ouranos, pour avoir organifé les hommes, & qu'une aigle envoyée par le dieu, était chargée de ronger fes entrailles qui renaiffaient fans ceffe, pour repaître fans ceffe la voracité de fon bourreau. Le héros, indigné que Prométhée ne fut malheureux que parce qu'il avait été bienfaifant, fe rendit fur le Caucafe, tua l'aigle de Jupiter, & rendit la liberté au pere des hommes.

Il n'eft point indifférent d'obferver ici que l'Egypte, en donnant un fens raifonnable à la fable de l'aigle de Prométhée, avait eu l'adreffe de s'approprier le lieu de la fcene & les perfonnages. Suivant les annales de fes prêtres, lorfque Bacchus commençait fon expédition de l'Inde, le Nil, dans la faifon où il fe déborde, rompit fes digues, fe répandit avec violence, & fubmergea prefque tout le Delta, & en particulier, la province de l'Egypte, dont Prométhée fe trouvait le gouverneur. L'impétuofité de ce débordement fit alors donner au Nil le nom de *l'aigle*. Prométhée se croyant comptable à ses concitoyens, des ravages causés par l'inondation, allait se tuer de désespoir, lorsqu'Hercule répara les brêches que le Nil avait faites à ses digues, & fit rentrer le fleuve dans son lit (*a*) ; voilà dans quel sens le fils de Jupiter fut le libérateur de Prométhée ; malheureusement, il est démontré par la tradition universelle de l'orient, qu'à l'époque où on place Prométhée, l'Egypte n'existait pas.

Quelle que soit l'interprétation qu'on peut donner à la fable de l'aigle, il est constant que cette avanture de la délivrance de Prométhée, ainsi que celles de la défaite des géans & du massacre des Centaures, remontent à une prodigieuse antiquité ; ainsi elles appartiennent à l'Hercule oriental, & non au fils d'Alcmene.

_____

(*a*) Cette explication ingénieuse se trouve dans Diodore, lib. 1, paragr. 9.

Les événemens dont je vais parler tiennent un peu plus aux tems posté-rieurs, où l'Hercule Thébain est placé par la chronologie.

Dans le premier âge de la Grèce, où on ne connaissait d'autre gloire que celle de la valeur, tout l'Archipel était plein de chevaliers errans, qui comme au siecle de dom Quichotte, faisaient métier de terrasser les monstres, de pourfendre les géans, & de délivrer les prin-cesses quand elles étaient belles, des mains de leurs persécuteurs. Hercule ayant appris qu'il y avait dans la Col-chide, une toison d'or gardée par des monstres, dont l'enlevement ferait le plus grand honneur à sa bravoure, s'em-barqua à cet effet avec Jason sur le navire des Argonautes. La navigation d'a-bord ne fut pas heureuse, & la tempête le jetta dans la Troade ; là, il trouva sur le rivage une fille à demi-nue & chargée de chaînes, qui méritait le plus vif intérêt, soit par ses charmes, soit par fes malheurs. Cette infortunée était Héfione , fille du prince Laomedon , que fur la foi d'un oracle , on expofait à une efpece de requin, pour l'empêcher de ravager la Troade; car la fuperftition ne trouvait pas de meilleur moyen pour appaifer les monftres , que de leur faire manger les filles des rois. Hercule , plus éclairé que les prêtres Troyens , tua le poiffon , délivra Héfione , & on lui promit pour récompenfe la princeffe , & de fuperbes chevaux.

Le héros , qui brûlait de terminer fon expédition de la Colchide , confia à Laomedon le double prix de fa valeur , & fe rembarqua ; mais fuivant une tradition particuliere , l'objet principal de fes vœux ne fut pas rempli. On devint jaloux de fes exploits , & étant defcendu à terre pour chercher de l'eau , il fut abandonné fur la plage par les Argonautes.

Suivant d'autres récits , Hercule ne trouva point d'ingrats dans les amis de

Jason ; il alla avec eux dans la Thrace, dont Phinée était roi ; ce prince avait eu deux enfans d'un premier lit , qui ne pouvaient vivre en paix avec sa seconde femme. L'artificieuse princesse fit croire à son mari que ces jeunes gens avaient voulu la violer , & le crédule Phinée les fit battre de verges, & chasser ignominieusement de ses états. Hercule, le réparateur de tous les torts, prit la défense de ces infortunés , alla tuer leur pere , & leur donna son royaume à gouverner. Diodore observe que les enfans de Phinée s'y étaient pris avec beaucoup d'adresse pour mettre Hercule dans leurs intérêts ; ils lui avaient offert le culte qu'on rend aux dieux ; ce trait d'adulation fit son effet, & le héros, en les couronnant, ne fut pas fâché de compter des rois parmi ses adorateurs.

La toison d'or fut enfin enlevée par la trahison de Médée ; mais la postérité ne faisant honneur de cet exploit qu'à la bravoure de Jafon , il ne doit pas entrer dans l'hiftoire d'Hercule.

Le fils d'Alcmene (car il ne s'agit point ici de l'Hercule de l'orient) de retour dans la Troade, demanda à Laomedon Héfione, & les chevaux dont il lui avait confié la garde ; le monarque qui fe croyait en fûreté du côté des monftres, manqua à fa parole ; Hercule, qui ne favait fe venger des rois qu'en les tuant, perça de fon épée Laomedon, donna Troye à Priam, pour avoir blâmé l'injuftice de fon pere, fit époufer Héfione à un des Argonautes, & emmena fes chevaux.

C'eft à cette époque qu'Hercule inftitua les jeux Olympiques ; il fe préfenta dans toutes les lices ; mais comme aucun Athlete n'ofa fe mefurer avec lui, il fut couronné par-tout fans avoir combattu.

N'ayant plus rien de glorieux à exécuter dans la Grèce, le héros, dont la valeur ne pouvait être oifive , fe mit à

voyager (*a*). Il partit, fuivant les uns,
à la tête d'une armée formidable ; fuivant les autres, feul, & n'ayant d'autres
armes que celles de la nature. La derniere opinion eft la plus répandue, mais
n'eft pas la plus vraifemblable.

Hercule fe rendit d'abord en Egypte,
& y maffacra le tyran Bufiris, qui ne
logeait dans fon palais les étrangers, que
pour les immoler fur l'autel de Jupiter.

Il traverfa enfuite les vaftes déferts
de la Lybie, & bâtit à fon extrémité
une ville à cent portes, très-connue fous
le nom d'Hécatompyle, & qui conferva
fa gloire, jufqu'à fa conquête par les
généraux de Carthage.

En général, l'illuftre voyageur put
être regardé comme le dieu tutélaire de
l'Afrique ; il la purgea des monftres qui
l'infeftaient, il fit croître fur un fol aride

(*a*) On s'appercevra affez, en lifant l'hiftoire
de ces voyages, que la plupart n'ont pu être
exécutés que par l'Hercule de l'Orient.

la vigne & l'olivier, & par-tout il encouragea les arts & l'agriculture.

Arrivé à l'extrêmité du continent, il créa le fameux détroit de Gibraltar. Suivant quelques écrivains, fon travail fe borna à rapprocher par une digue les deux continens, qui, alors étaient féparés par un vafte intervalle de mers; fon objet, en rendant le paffage plus étroit, était *d'empêcher les monftres de l'océan d'entrer dans la méditerranée* (a). S'il faut en croire une tradition plus générale, l'Afrique & l'Europe, à cette époque, étaient réunies; Hercule coupa l'ifthme qui fervait de barriere entre les deux mers, & leurs eaux fe confondirent. Les monts Calpe & Abyla, qui bordent les deux côtés du détroit, atteftaient, dit-on, la vérité de ce travail mémorable, & on les a appellés de tout tems les colonnes d'Hercule.

_____

(a) Ce font les termes de Diodore, lib. 4, paragr. 5.

Je ne me laſſe point d'obſerver qu'un des grands caractères des héros de l'antiquité la plus reculée, eſt le ſervice qu'ils ont rendu à la terre en deſſéchant la fange de ſes marais, en creuſant un lit à ſes fleuves, & en formant des canaux de communication entre ſes mers; ainſi la création du détroit de Gibraltar, ſi elle eſt due à un Hercule, n'eſt certainement pas l'ouvrage de celui dont la Grèce s'honore.

Hercule s'était préparé au grand travail de la jonction de la méditerranée à l'océan, par des entrepriſes de ce genre, un peu moins audacieuſes. La vallée de Tempé n'était de ſon tems qu'un vaſte marais; il raſſembla toutes les eaux ſtagnantes dans un canal, mit à ſec cette partie de la Theſſalie, & en fit le paradis terreſtre de l'Europe.

Il avait auſſi rendu un ſervice pareil aux Calydoniens, en détournant l'Acheloüs de leur territoire. Comme le nouveau canal qu'il creufa à ce fleuve, amena la fertilité dans le pays, les poëtes, à qui la vérité toute nue, paraît toujours étrangere, en prirent occafion de feindre que le héros s'était battu contre l'Acheloüs déguifé en taureau, & que dans le combat il lui avait brifé une corne, dont il avait fait préfent aux peuples d'Etolie. Cette corne eft celle d'Amalthée, qu'on fuppofait garnie d'épis de bled, de grappes de raifins & d'oranges; elle eft connue dans la mythologie fous le nom de corne d'abondance.

Hercule, après avoir franchi à Gibraltar le détroit qu'il avait fait lui-même, chercha en Efpagne des geniffes, qui n'étaient pas moins célebres que la toifon de Colchos; il les prit enfin, mais il lui fallut pour cela, tuer en combat fingulieu, trois fils de Chrifaor qui commandaient chacun une armée, & faire la conquête de toute l'Epagne.

On s'imagine que des Geniffes qui ont

tant coûté à acquérir, vont devenir le patrimoine le plus précieux d'Hercule. On se trompe ; à peine le conquérant les eut-il en sa puissance, qu'il les céda à un roi Espagnol qui avait eu la faiblesse de l'adorer ; ces Genilles devinrent le Palladium du pays jusqu'au siecle de Diodore.

Au sortir de l'Espagne, le héros entra dans les Gaules ; il y abolit plusieurs usages féroces, entr'autres, celui de faire mourir les étrangers. C'est-là qu'il bâtit cette fameuse ville d'Alise, qui coûta à César tant de peine à subjuguer, & dont la conquête fut l'époque de notre esclavage.

D'autres mémoires que ceux de Diodore, attestent que pendant l'expédition des Gaules, Hercule défit les géans Albion & Bergion ; & que les fleches lui ayant manqué pendant le combat, il invoqua Jupiter qui vint à son secours, en faisant descendre sur les ennemis une grêle de pierres qui les écrafa (*a*). Depuis que nous avons eu une phyſique, la race de nos géans a prodigieuſement diminué, & le fléau des grêles de pierres a entiérement diſparu.

Il ne paraît pas qu'Hercule, durant ſon ſéjour dans les Gaules, y ait joué le rôle de Demoſthène ; il ne perſuadait ſans doute les peuples qu'avec ſa maſſue ; cependant, par une bizarrerie que le défaut d'ouvrages contemporains nous empêche d'expliquer, on l'y honora long-tems comme le dieu de l'éloquence. C'eſt Lucien qui nous a tranſmis cette anecdote (*b*) ; & ſi ce n'eſt pas un jeu de l'imagination du philoſophe,

____

(*a*) Pompon. Mel. lib. 2. Den. d'Halicarn. ib. 1. La plaine où ſe paſſa cet événement mémorable, en prit, dit-on, le nom de *Campus Lapideus*, & on l'appelle aujourd'hui *La Crau*, mot corrompu dont la racine eſt *craig*, qui, dans la langue Celtique ſignifie pierre. Cette remarque eſt de Bochart, *géograph. ſacr.* part. 2., lib. 1.

(*b*) *In Hercule Gallico*, cet Hercule, dans la langue des Celtes, s'appellait *Ogmius*.

elle fait quelqu'honneur à celle de nos ancêtres.

L'Hercule Gaulois était représenté fous la forme d'un vieillard décrepit, ayant un petit nombre de cheveux parfaitement blancs, & la peau bazanée, comme l'homme du peuple, qui a été expofé toute fa vie à l'intempérie des faifons. Couvert d'une dépouille de lion, & le carquois fur l'épaule, il tenait d'une main un arc bandé, & de l'autre fa maffue ; ce perfonnage bizarre, dont la figure était celle du vieil Saturne, & l'équipage, celui du fils d'Alcmene, traînait après foi une grande multitude d'hommes, qu'il tenait attachés par les oreilles avec des chaînes d'or, travaillées avec la plus grande délicateffe. Ce troupeau humain, quoiqu'arrêté par des liens fi fragiles, ne cherchait point à les brifer ; on voyait par les chaînons, qui étaient très-lâches, que tous ces efclaves chériffaient leur efclavage ; chacun de ces liens aboutiffait à la bouche d'Hercule, & le dieu avec fa langue, tirait à lui toute cette multitude. Il eft difficile de donner à un peuple barbare une allégorie plus ingénieufe du pouvoir de l'éloquence; mais encore une fois, cet Hercule Celte n'a qu'un vain rapport de nom avec celui dont nous écrivons l'hiftoire.

Notre conquérant fe rendit des Gaules en Italie; les Alpes qu'il traverfa à cet effet, avaient été jufqu'alors impraticables, même pour de fimples voyageurs. Il en applanit les fentiers, & les rendit fi aifés, qu'une armée entiere pouvait y paffer avec tout fon bagage. Quand nos armées ont voulu pénétrer en Italie, elles ont vainement cherché cette route d'Hercule. Si elle exiftait, ce ferait fans contredit le plus beau monument de ce héros, après le partage de l'ifthme de Gibraltar.

Hercule entra dans le Latium, s'arrêta près du Tibre, à l'endroit où Rome fut dans la fuite bâtie, & parcourut toutes les côtes maritimes de l'Italie.

Son séjour dans le royaume de Naples, est devenu célebre par la digue qu'il éleva entre la mer & le lac d'Averne, pour empêcher leurs eaux de se réunir ; on parle aussi des géans qu'il défit auprès du mont Vésuve ; car ce demi-dieu, comme dom Quichotte, ne peut faire un pas sur le globe, sans trouver des géans à combattre.

Hercule, qui se faisait un jeu de pourfendre les géans, ne fut pas aussi heureux contre les cigales ; tourmenté sur les confins de Rhege par ces insectes, il fut obligé de s'adresser à son pere pour le délivrer de leur importunité. Jupiter l'exauça, & *depuis*, ajoute Diodore, *les cigales de ce canton ont totalement disparu* (a).

(a) Lib. 4, paragr. 6. —— Il ne faut pas cependant accuser Diodore de trop de crédulité. Cet historien, comme Tite-Live, annonce presque toujours son scepticisme, en mettant l'expression, *on dit*, au-devant des contes qu'il rapporte ; on

Le héros n'ayant plus en Italie, ni géans à paſſer au fil de l'épée, ni cigales à anéantir, voulut viſiter quelques iſles de la méditerranée ; il vint en Sicile, & paſſa, dit-on, le détroit qui avait alors treize ſtades de long, en ſe tenant aux cornes d'un taureau.

A peine fut-il deſcendu ſur le rivage, qu'un roi du pays, nommé Erix, qui ſe diſait fils de Vénus, le provoqua à la lutte ; il propoſait pour prix de la victoire ſon royaume, & Hercule ne pro-

---

voit par une phraſe qu'on lit à la tête de ſon hiſtoire d'Hercule, quelle était ſa maniere de penſer au ſujet des traditions, ſoit grecques, ſoit orientales, ſur la perſonne de ce héros. » La my-» thologie, dit-il, a un peu enchéri ſur l'exacte » vérité ; mais ce n'eſt pas une raiſon pour re-» jetter l'hiſtoire d'Hercule, lib. 4, paragr. 5 ».

Diodore a raiſon ; peſons les faits qu'on attribue à cet Atlante, dans les balances de la critique ; mais ne traitons pas ſa vie comme celle de Céſar ou du grand Condé, & ſur-tout n'en faiſons pas une allégorie.

pofait que des geniffes. Malgré l'inégalité des conditions le traité fut accepté ;
le fils d'Alcmene vainquit le fils de
Vénus, & il donna les états qu'il avait
acquis fi aifément, aux fujets même d'E-
rix ; alors le royaume devint une république.

Tel fut le terme des voyages d'Hercule. Malgré le nombre de colonnes
que la terreur des peuples, où leur reconnaiffance érigerent fur fon paffage,
fon expédition, ne fut pas auffi mémorable qu'elle devait l'être ; il femblait
que celle de Bacchus, qui précéda la
fienne, avait épuifé l'admiration des
hommes. La poftérité a oublié les voyages
d'Hercule, pour s'occuper de fes douze
travaux.

Il paraît que Thèbes, patrie du fils
d'Alcmene, tomba après la mort d'Amphytrion fous la dépendance d'Argos ;
car Euryfthée, qui était roi de cette
derniere ville, dirigea toujours au gré
de fon caprice la valeur d'Hercule ; lui

feul en particulier, donna l'ordre d'exécuter les douze travaux ; & comme ces
travaux ne confiftaient qu'à nettoyer la
terre des brigands & des monftres qui
l'infeftaient, c'eft la premiere fois peut-
être que le defpotifme a travaillé à faire
le bonheur des hommes.

Hercule commença fa carriere athlé-
tique en combattant le lion de Némée;
comme fa taille était monftrueufe, &
que fa peau, par la force de fon tiffu,
femblait inacceffible aux armes ordinaires; le héros lutta avec lui corps à corps,
& avec fes mains feules vint à bout de
l'étrangler.

Cette lutte corps à corps d'un homme
à demi-nud avec un lion, quelqu'extraordinaire qu'elle paraiffe aux hommes
dégradés du dix-huitieme fiecle, n'eft
pas tout-à-fait impoffible; mais comment
expliquer la mort de l'Hydre de Lerne,
reptile monftrueux, dont le corps uni-
que fe terminait par cent têtes de fer-
pens ? La tradition à cette merveille en

ajoutait une autre ; c'eſt que toutes les fois que le fer coupait une de ſes têtes, il en renaiſſait deux autres plus terribles encore. Hercule, dit-on, ne trouva d'autre moyen pour arrêter cette étrange reproduction, que de faire brûler à Jolas, ſon compagnon d'armes, chaque col du monſtre, à meſure qu'il en coupait la tête. Je ſerais tenté de croire que ce travail fait alluſion à quelque découverte ancienne ſur les Polypes. On ſait que cet inſecte aquatique, qui reſſemble au ſerpent , renaît ſous le fer qui le mutile. Il eſt vrai que le vainqueur du lion de Némée ne devait pas avoir la main aſſez phyſicienne pour faire de pareilles expériences.

Hercule eut ordre enſuite d'amener vif le ſanglier d'Erymante, qui ravageait les campagnes d'Arcadie ; l'athlete vigoureux ſaiſit l'animal terrible, le chargea ſur ſes épaules, & entra avec ſon fardeau dans le palais d'Euryſtée ; le monarque ſans courage, comme tous les

defpotes, ne put vaincre fa terreur, &
alla fe cacher fous une cuve d'airain.

Je ne fais pourquoi on a mis au rang
des travaux d'Hercule, le bonheur qu'il
eut de prendre dans fes filets, ou même
de forcer à la courfe une efpece de ga-
zelle au poil roux, à qui les poëtes ont
enfuite donné des cornes d'or. Affurément, l'animal timide qu'il pourfuivait
n'était pas digne de tomber fous fes
coups, & le héros triompha fans danger.

Il faut faire la même obfervation au
fujet des oifeaux du lac Stymphale, qui
mangeaient les épis de bled & les raifins
de la campagne. L'idée d'Hercule de
les éloigner, en faifant frapper jour &
nuit fur un tambour d'airain, peut faire
honneur à l'imagination d'un pâtre qui
veut conferver fa moiffon, mais non au
courage du héros qui coupait les géans
en deux, & créait le détroit de Gibraltar.

Je retrouve un peu plus Hercule dans

la maniere dont il nettoya les immon-
dices qui s'étaient amoncelées depuis un
grand nombre d'années dans les étables
d'Augias ; il détourna le fleuve Penée,
& le fit paſſer au milieu de l'édifice. Ce
travail fut pour lui , dit-on, l'ouvrage
d'un jour ; ce jour déſignait peut-être
une révolution entiere de la terre autour
du ſoleil. J'ai autant de raiſon de faire
des jours d'une année, que les chrono-
logiſtes en ont eu de faire des années
d'un jour.

Euryſthée, qui cherchait toujours à
faire périr un ſujet qui lui faiſait ombrage, ou du moins à l'humilier, com-
manda à Hercule d'aller prendre dans la
Créte le fameux taureau, dont Paſiphaë
avait été amoureuſe. Minos, qui regnait
dans cette iſle, n'oſa pas diſputer la con-
quéte de ce taureau à un homme qui
ſe battait corps à corps avec les lions,
& qui portait les ſangliers ſur ſes épaules ; le fils d'Alcmene emmena tranquil-

lement fa proie, & la conduifit dans le Peloponefe.

Le héros, quelque tems après, alla faifir dans la Thrace les jumens de Diomede ; ces animaux étaient d'une vigueur fi prodigieufe, qu'on était obligé de les lier dans l'étable avec des chaînes d'airain ; on ne les nourriffait point de végétaux, mais des membres mutilés des étrangers qui abordaient dans le pays. Hercule commença par leur faire manger le corps de Diomede, enfuite il foumit au joug leur tête indocile, & les amena à Euryfthée ; la race de ces jumens antropophages fubfiftait encore fous le regne d'Alexandre.

Le baudrier de l'Amazone Hypolyte exerça enfuite l'ambition d'Euryfthée & la bravoure d'Hercule. Le guerrier pour l'obtenir, alla camper avec une armée devant Themifcire, capitale de l'empire que gouvernaient ces héroïnes ; il fe battit en combat fingulier avec les plus célebres d'entr'elles, les tua toutes,

renverfa Thémifcire, & mit fin au royaume des Amazones. L'objet de cette guerre
fanglante avait été une ceinture, & la
ceinture en fut la récompenfe.

Nous avons parlé des geniffes de Géryon, qu'Hercule enleva dans fon voyage
d'Efpagne, & qu'il céda enfuite à un
prince du pays qui avait mieux aimé lui
ériger des autels que le combattre. Cette
expédition était un des travaux impofés
au fils d'Alcmene ; il s'y prépara, en
défiant en Afrique le lutteur Antée,
qui paffait pour le meilleur athlete de
fon tems, & qui, abufant de fa fupério-
rité dans cette partie de la gymnaftique,
faifait mourir tous fes rivaux le lende-
main de fa victoire ; Hercule triompha
de lui, & le fit périr à fon tour. Cet
exploit, qui n'eft pas compté au rang de
fes travaux, eft bien fupérieur à l'enlevement des genifles de Géryon.

Hercule ne trouvant plus fur la terre
de monftres à combattre, fut envoyé
dans les enfers, pour en tirer le chien

Cerbere. Proferpine qui y regnait, l'accueillit comme un frere plutôt que comme un ravifleur, & lui permit d'emmener avec fa proie deux héros, qui fe trouvaient détenus dans les fombres cachots de l'Erebe ; c'étaient Thefée & Pirithous.

Il n'eft pas poffible de fe tromper fur l'explication de cette defcente aux enfers ; car Diodore coupe fon récit, en difant qu'Hercule fe fit initier aux myfteres d'Eleufis. On connaît les myfteres anciens, une des plus heureufes inventions des légiflateurs, pour propager le théifme & donner une bafe à la vertu. On fait que l'Hyérophante expofait aux regards des initiés les fpectacles les plus faits, pour laiffer dans leur imagination une trace profonde ; le bonheur des ombres juftes dans l'Elyfée, les fupplices des fcélérats dans le Tartare : tous ces objets, fi faits pour confoler la vertu gémiffante des maux phyfiques qu'elle éprouve fur ce globe, étaient repréfentés

dans les myſteres avec des traits de feu ;
mais la ſuperſtition n'abuſait point de ces
grands ſpectacles ; on n'animait la nature
entiere que pour conduire l'homme au
dogme d'un dieu rémunérateur & ven-
geur, & à celui de l'immortalité.

Le dernier travail d'Hercule fut l'enlevement des pommes d'or du jardin
des Heſperides ; ce jardin ſe trouvait,
s'il en faut croire Pline, dans la Mauri-
tanie Tingitane (a). Une mythologie
extravagante voulait qu'il crût réellement dans cette partie de l'Afrique des
pommes d'or, & qu'un dragon épouvan-
table, veillât pour empêcher les hommes de les recueillir ; mais il eſt probable,
dit Diodore, que les Nymphes Atlantes, à qui on donnait le nom d'Heſperides, ne poſſédaient, au lieu de pommes
d'or, que des brebis, dont la beauté &
la couleur de la toiſon déſignaient le
grand prix. Le berger qui gardait ces

(a) *Hiſt. natur.* lib. 5, cap. 5.

troupeàux, qu'on ne pouvait payer qu'au poids de l'or, était un Argus impitoyable, qui mettait à mort tous ceux qui voulaient les lui enlever ; Hercule vint, tua l'Argus, emmena les brebis, & après ce dernier exploit, se jugea lui-même digne de l'apothéose.

L'histoire de cet enlevement des pommes d'or des Hesperides, qui a pu être exécuté par l'Hercule Grec, se trouve liée dans Diodore, avec d'autres aventures qui ne peuvent regarder que l'Hercule de l'Orient. On nous apprend la généalogie des Hesperides ; on dit que c'est un nom particulier, sous lequel on désignait les sept filles célebres d'Atlas. Comme elles étaient d'une beauté parfaite, un Busiris, roi d'Egypte, envoya des pirates en Afrique pour les enlever. Les ravisseurs trouverent les princesses qui s'exerçaient dans leurs jardins à des jeux convenables à leur âge, se saisirent d'elles malgré leur résistance, & les conduisirent à leurs vaisseaux ; heureusement, Hercule ému par les cris de ces vierges éplorées, atteignit les pirates pendant qu'ils étaient encore fur le rivage, les maffacra, & rendit à Atlas fes filles, fans exiger d'elles la plus légere reconnaiffance, dont leur pudeur aurait pu s'allarmer.

Cet Atlas était le fameux roi aftronome, que la chronologie de la raifon place à une époque très - reculée du monde primitif; il témoigna fa reconnaiffance au libérateur des Hefperides, en l'inftruifant des principes de la fphère, & foit que l'éleve eût ajouté aux découvertes du maître, foit qu'il n'eût que le mérite d'avoir tranfmis la vraie théorie des aftres aux peuples de l'Europe, on feignit à fon retour qu'Atlas s'était repofé fur lui du fardeau de l'univers (*a*).

(*a*) L'expreffion que Diodore ajoute à ce fujet eft remarquable. *Les hommes raconterent alors*

Le reste de la vie d'Hercule (& on sent bien qu'il ne s'agit ici que du fils adultérin d'Amphytrion) n'est gueres que l'histoire scandaleuse des violences qu'il fait à un sexe, qu'il faudrait encore respecter par l'intérêt du plaisir, quand même on ne le ferait pas par égard pour sa faiblesse.

Le batard d'Alcmene, étant allé demander l'hospitalité à un roi d'Arcadie, profita du libre accès qu'on lui avait donné auprès de sa fille pour la déshonorer. La grossesse de cette infortunée se déclara bientôt; on l'interrogea, & elle répondit qu'elle avait été violée par Hercule ; le roi ne put, ou n'osa se venger sur son hôte perfide ; & il déchargea tout son ressentiment sur sa fille qu'il condamna à la mort; Telephe naquit de ce crime d'Hercule.

---

d'une maniere fabuleuse, un fait vraiment arrivé, lib. 4, paragr. 7.

Le héros dangereux prouva cependant quelquefois au milieu des atteintes qu'il donnait à la morale de la nature, qu'il n'en méconnaiſſait pas les principes. Un Omade, ayant violé dans cette même Arcadie, Alcyone, ſœur d'Euryſtée, quelque haine qu'il portât au roi d'Argos, qui l'écraſait ſous le fardeau du deſpotiſme, il eut la grandeur d'ame de le venger, & ne parut devant ſes yeux qu'avec la tête du malheureux qui avait déshonoré Alcyone.

Hercule, peu ſcrupuleux ſur le choix de ſes épouſes, ſe maria par-tout où il trouva des femmes qui parlerent à ſes ſens; auſſi, la plupart de ſes mariages furent malheureux, & le dernier qu'il contraſta, fut le principe de ſa mort.

Une des beautés de la Grèce, qu'Hercule demanda avec le plus d'inſtance pour l'unir à ſa deſtinée, fut Iole, fille d'Euryte, roi d'Œchalie; ſon pere, qui avait appris de la renommée les égaremens du héros, ne pouvait se déterminer à le choisir pour gendre. Hercule, prenant son irrésolution pour un refus, partit de sa cour, & pour se venger du prince, déroba ses chevaux ; Iphitus, fils d'Euryte, qui soupçonna quel était le ravisseur, l'alla chercher dans Tyrinthe ; mais l'heureux brigand, couvrant un crime par un autre, saisit le jeune prince, & le précipita du haut d'une tour. Hercule, quelque tems après, tomba dans une maladie dangereuse, se crut puni des dieux pour le meurtre d'Iphytus, & chercha à l'expier. Un oracle qu'il consulta, déclara, que pour recouvrer sa santé, il fallait qu'il fut vendu publiquement, & que le prix de sa vente fut donné aux enfans du malheureux qu'il avait assassiné. Le héros se soumit à la volonté du ciel, se laissa vendre par un de ses amis, & devint esclave d'Omphale, reine de Lydie. On ne tarda pas à reconnaître dans cette cour le fils d'Alcmene à ses exploits con-

tre les brigands du pays , & à ſes violences contre les femmes ; Omphale le
mit en liberté & l'épouſa.

Le mariage le plus incroyable d'Hercule , fut celui qu'il contracta chez un
petit roi de l'Attique , nommé Theſpias.
Ce prince avait eu cinquante filles de pluſieurs femmes ; Hercule , dit-on , les épouſa
toutes la même nuit , & devint par ce moyen
pere de cinquante enfans , connus ſous
le nom de Theſpiades. On prétend qu'une
ſeule de ces filles , c'était la plus jeune , refu-
ſa de ſe livrer au mari de ſes quarante-neuf
ſœurs , & que le héros pour la punir , la
condamna à reſter vierge toute ſa vie (a).
La plupart des Theſpiades , quand ils
eurent atteint l'âge de raiſon , s'embar-
querent ſous la conduite d'Iolas , & alle-
rent établir une colonie dans la Sardai-
gne.

Déjanire fut la derniere femme d'Her-

____

(a) Cette particularité ne ſe trouve que dans
Pauſanias , *voyage de la Béotie.*

cule, & parconféquent la derniere de fes victimes. Elle traverfait un jour un fleuve à gué fur le dos du Centaure Neſſus ; mais à peine fut-elle arrivée à bord , que le perfide nautonnier, épris de fes attraits, voulut lui faire violence ; Hercule, qui vit le crime du Centaure du rivage op-pofé, lui décocha une fleche, & le bleſſa à mort. Neſſus , avant de périr, dit à Déjanire qu'il voulait lui laiſſer un philtre, qui lui aſſurerait pour jamais le cœur de fon époux, & ce philtre était une huile particuliere , amalgamée avec le fang qui découlait de la fleche em-poifonnée qui l'avait bleſſé; il lui recom-manda de frotter de ce mêlange la tuni-que d'Hercule, & à l'inſtant il expira. La crédule Déjanire recueillit avec foin ce prétendu philtre dans un vafe ; quelque tems après, inſtruite d'une nouvelle infi-délité de fon époux, elle le revêtit de la tunique fatale. Le poifon fit fon effet, & Hercule, dans les accès de fa phré-néfie, tuait tous ceux qui l'approchaient.

On envoya à Delphes confulter l'oracle, & le dieu répondit qu'il fallait conduire avec un appareil de guerre, le héros mourant au fommet du mont Œta, y dreffer un grand bucher, & abandonner le foin du refte à la puiffance de Jupiter.

Dans l'intervalle, Déjanire défefpérée d'être la caufe innocente du malheur d'Hercule, s'en était punie, en s'étranglant de fes propres mains.

Cependant le fils d'Alcmene, qui croyait fa guérifon impoffible, était monté avec courage fur le bucher, & conjurait tous fes amis d'y mettre le feu; perfonne n'ofait lui rendre ce fervice terrible; Philoctete à la fin s'y détermina, & le héros le recompenfa en lui faifant préfent de fes fleches. A peine le flambeau eut-il touché le lit de mort d'Hercule, qu'on entendit un coup de tonnerre, & le bûcher parut tout en feu. Quand le bois fut tout entier confumé, on vint chercher les offemens de la victime de

Neſſus ; & comme on ne les trouva point, on jugea qu'il avait été fait dieu. Ce préjugé populaire contribua encore plus que ſes exploits à ſon apothéoſe.

Dans la ſuite, quand nous arriverons à l'époque de la fondation de Rome, nous verrons le même prodige & le même préjugé populaire ſe renouveller ; nous verrons des ſénateurs, qui s'étaient défaits, pendant un orage, de Romulus, publier que ce héros avait été enlevé au ciel par Jupiter ; la multitude croire ce menſonge politique de ſes magiſtrats, & les hiſtoriens de Rome, le répéter, juſqu'à ce qu'il leur fût permis d'être philoſophes.

Les écrivains Grecs diſent qu'Hercule étant monté dans l'Olympe, y épouſa Hebé, la déeſſe de la jeuneſſe ; mais les mariages de ce héros dans l'Olympe ne ſont pas du reſſort de l'hiſtorien des hommes.

Hercule a joué un ſi grand rôle ſur la terre & dans l'Olympe, qu'il n'eſt pas

étonnant que plusieurs nations, dont l'origine se perdait dans la nuit des tems,
aient cherché à en descendre. La Scythie
est une des contrées du globe qui a le
plus fait valoir cette prétention , & le
conte sur lequel s'appuie à ce sujet le
crédule Hérodote, mérite par sa singularité , de terminer le tableau que nous
avons tracé de la vie d'Hercule.

Le fils d'Alcmene, s'il en faut croire
le pere de l'histoire Grecque (*a*), venait
d'enlever les Genisses de Geryon ; il
arrive dans les déserts glacés de la Scythie ; & fatigué de sa course, il s'endort en-
veloppé dans sa peau de lion. A son réveil
il ne voit plus ses chevaux ; il erre dans
les déserts qui avoisinent le pole pour
les chercher ; il rencontre alors un mons-
tre ; c'était une très-belle fille, dont le
corps recourbé se terminait de la ceinture, en bas, en queue de serpent. Le

____

(*a*) Lib. 4 , cap. 10.

héros, qui ne s'étonne de rien, ne l'interroge que pour lui demander des nouvelles de fes chevaux; ils font à mon pouvoir, dit la Nymphe rampante; mais je ne vous les rendrai que quand vous m'aurez mife en état de peupler ce vafte défert où je m'ennuie. Hercule accepte la propofition, il la rend mere, & demande le prix d'un pareil exploit; vos chevaux, répond la femme-ferpent, vont reparaître ; mais il me refte une faveur à obtenir de vous. J'ai maintenant trois enfans dans mon fein; dites-moi comment je dois me conduire à leur égard, quand ils auront atteint l'âge de raifon ? Leur partagerai-je la contrée que j'habite, où les enverrai-je auprès de leur pere ? Voilà, dit Hercule, un baudrier & un arc; que celui qui pourra ceindre l'un & tendre l'autre, foit le maître de cette contrée. — Le défi fut en effet propofé dans la fuite aux trois enfans d'Hercule & de la Syrene ; mais le feul Scythes remplit la condition, & il donna son nom à la Scythie.

Observons bien qu'on ne trouve aucune trace de cette fable dans les autres historiens de l'antiquité; elle ne remonte gueres au-delà du siecle d'Hérodote. Les Scythes, à cette époque, étaient inconnus à l'Europe, & peut-être à eux-mêmes, & ce n'était qu'en vertu de quelques traditions populaires, qu'on pouvait y placer une Syrene, & la faire rencontrer avec Hercule. Or, il faut se défier de toutes les traditions sur ces héros qui n'ont pris naissance parmi les hommes, que depuis son apothéose.

Le prétendu pere des Scythes est pour nous le dernier personnage distingué du monde primitif; les autres, tels qu'Orphée, Jason, sont trop modernes pour être rangés dans la classe des Atlantes. L'Hercule Grec lui-même n'y trouve une place, que parce que sa personne est intimement liée avec celle de l'Hercule de l'orient.

Maintenant que la carte géographique de ce monde primitif eſt dreſſée, qu'on a apprécié ſes monumens, qu'on a tenté de faire connaître ſes peuples & ſes héros, il faut jetter un coup d'œil rapide ſur les progrès de l'eſprit humain dans le premier des âges. C'eſt le dernier coup de pinceau que nous nous permettrons d'ajouter au tableau hiſtorique de la terre, avant qu'elle ait eu des hiſtoriens.

DE LA MARCHE

DE

L'ESPRIT HUMAIN

A L'ÉPOQUE DU MONDE PRIMITIF.

Sı jamais l'audace caractérisât une en‑
treprise, c'est lorsque jettant un regard
inquiet derriere nous, & voyant à un
long intervalle, le tems qui détruisait en
silence tous les vieux monumens dont le
monde s'honore, nous tentâmes de dé‑
chiffrer çà & là, quelques lignes à demi
effacées de ces inscriptions vénérables,
de leur donner un sens suivi, & d'en
faire la base de l'histoire de l'homme
primitif.

Eh ! que pouvait-on attendre de plus
de nous à l'entrée d'une si vaste carriere?
Placés entre le néant des siecles qui ne

font plus & le néant des fiecles qui font à naître, il ne nous reftait, pour rendre univerfel le dépôt de nos connaif-fances hiftoriques, que de jetter aux deux extrêmités de l'édifice, des pierres d'attente qui, s'uniffant d'un côté au paffé, & de l'autre à l'avenir, puffent, s'il eft permis au philofophe de s'exprimer ainfi, atteindre un jour aux limites de l'éternité.

Nous avons pofé ces pierres d'attentes à la tête de l'hiftoire des hommes ; une des plus remarquables, eft le réfultat que préfentent les faits que nous avons raffemblés fur la retraite de l'océan, & fur la conciliation de l'ancienne géographie avec celle des tems modernes. Nous aimons à croire que ce corps d'obfervations fera augmenté d'âge en âge ; ainfi, chaque génération ajoutant à l'ouvrage de celle qui l'a précédée, le mur établi fur nos pierres d'attente, touchera d'un côté à la formation du globe, & de l'autre, à fa cataftrophe.

De ces deux époques, il en est une
dont l'intérêt se fait bien moins sentir
pour nous ; c'est celle qui regarde le
monde , penchant vers sa décrépitude.
Nos regards se détournent d'eux-mêmes
de tout ce qui s'éteint ; le spectacle d'une
nature muette & sans énergie nous at-
triste , & quelqu'antiques que soient les
rides du globe , elles ne peuvent arra-
cher de nous ce sentiment de vénération
que nous avons naturellement pour celles
d'un grand homme.

Il n'en est pas de même de la premiere période ; un monde qui commence a pour le philosophe , un charme
secret qui l'entraîne. Persuadé que sa faiblesse originelle ne vient point d'une
nature qui s'épuise , mais d'une nature
qui se développe , il voit jusques dans
son impuissance primitive , les germes
de sa prochaine fécondité. Ces montagnes isolées , qui élevent lentement leur
tête circonscrite au-dessus des eaux , lui
annoncent l'époque , où Rome maîtresse

d'un continent presque entier, étendra ses bras victorieux du cercle polaire à l'équateur. Cette race d'insulaires peu nombreuse qui s'agite obscurément dans les déserts qu'elle habite, pour suppléer à l'absence des loix qu'elle n'a pu encore créer, lui fait pressentir une génération brillante, qui, dans l'âge de la maturité du globe, enchaînera les hommes par le pacte social, & donnera ainsi un appui à la morale & une base à la vertu.

Je vais porter un moment le flambeau de l'analyse phylosophique, autour des ténebres de ce monde primitif.

C'est sur-tout la gradation de l'esprit humain que je tâcherai de saisir ; car le tableau des mœurs & des arts entre particuliérement dans le plan de cet ouvrage, & l'historien de l'homme doit indiquer la marche de son intelligence.

Je vois d'abord que l'homme primitif, borné au soin de vivre & de se propager, a eu une existence animale plutôt qu'une existence intellectuelle ; ce font les befoins qui fecouent notre entendement ; eux feuls nous apprennent l'ufage de nos organes, nous en créent de nouveaux, & doublent par-là les forces de notre intelligence.

En général, il n'y a que l'homme des grandes fociétés qui ait du génie ; l'homme ifolé ne lie point fes idées, ne faifit point dans les objets qu'il apperçoit les rapports les plus éloignés pour en faire un nouvel enfemble ; il n'éprouve ni l'ennui qui donne du reffort à l'ame, ni les paffions fortes qui impriment fur ce qu'il fait le fceau de l'immortalité.

A mefure que le peuple primitif fe multiplia, il fentit la néceffité d'avoir une volonté générale, qui rectifiât à chaque inftant la volonté des individus ; alors nâquit le gouvernement. Un homme fe trouva chargé d'interpréter la volonté générale, & cet homme fut un roi.

Le fentiment du befoin d'être gouverné , annonce une révolution dans les idées ; ainfi à cette époque, l'efprit humain fit un pas.

Mais dans ce premier âge, où les loix ne pouvaient être l'ouvrage d'une raifon mûrie par l'expérience, où le fol de la politique ne femblait qu'un fol chancelant , qui menaçait d'engloutir à la fois le peuple crédule qui y marchait fans défiance, & le légiflateur inhabile qui cherchait à l'affermir, il ne faut pas s'attendre que l'entendement humain fit de grands efforts pour fe tirer de fon inertie. Il fallut bien des fecouffes dans le gouvernement pour tendre ce reffort caché ; enfin du fein des orages politiques nâquit un fyftême focial , & la raifon fit un fecond pas vers la lumiere.

Si dans la fuite l'efprit de l'homme fe perfectionna , il le dut à la naiffance de la propriété ; tant que le peuple primitif circonfcrit dans l'enceinte du Caucafe, s'était contenté pour fa nourriture , des fruits que la terre neuve encore lui fournissait en abondance, ne connaissant pas l'aiguillon du besoin, il était resté dans son inertie; mais lorsqu'il se vit forcé par sa population, à cultiver cette terre qui ne répondait plus à son attente, chaque individu put dire : ce champ, qui porte l'empreinte de mon travail est à moi. Dès-lors la propriété vint avec l'industrie & les arts : & le monde social roula sur un axe nouveau.

Je ne marche qu'en tremblant dans le dédale obscur où je me suis engagé, parce que le fil de mes principes me conduit sans cesse à des résultats qui contredisent les systêmes des philosophes; mais il me semble que l'homme primitif fut de bonne heure un être social. Comme l'océan battait de ses flots l'enceinte de sa demeure, il fut bientôt obligé de faire le partage de cette terre végétative dont dépendait sa subsistance : & par conséquent, d'admettre une propriété, un gouvernement &

des loix. Les hommes se rapprochent nécessairement, quand, malgré leur population, ils n'habitent qu'une contrée resserrée par les eaux. C'est lorsque la terre libre s'offre d'elle-même à leur empire, qu'à force d'errer dans ses déserts immenses, ils peuvent perdre la trace de la civilisation, & devenir aussi sauvages que le lieu inculte qu'ils ont choisi pour leur demeure.

Ces principes ne sont pas ceux des Hobbes, des Helvetius & des Rousseau; mais ces hommes célebres ont créé un état de nature d'après leur imagination. Moi, je n'ai écrit que d'après les faits; il était difficile de nous rencontrer.

En général, & je l'ai déja indiqué dans un autre ouvrage, il en est de l'état de nature des philosophes, comme de l'âge d'or des poëtes. On commence par les peindre; ensuite on prouve qu'ils ont existé, parce que l'on en conserve des tableaux.

C'est sur-tout depuis que l'aurore de

la raifon commence à luire en Europe,
qu'on s'eft empreffé à oppofer à l'homme
civilifé l'homme fauvage, qu'on appellait faftueufement l'homme de la nature.
D'abord, on n'eut en vue que de faire
une fatyre de fon fiecle ; c'était Tacite
qui, pour faire rougir la Rome des Cé-
fars, peignait les mœurs des Germains.
D'autres écrivains font venus après ces
peintres de l'homme de la nature, & ils
en ont fait l'hiftoire.

Je voudrais bien favoir ce qu'enten-
dent par l'état de nature, les beaux génies qui ont mis plus d'une fois dans
leurs écrits l'éloquence des mots à la
place de celle des chofes. Y eut-il un
tems dans le monde primitif, où les
hommes, bornés aux feuls befoins des
quadrupedes, vécurent de glands dans
les vaftes forêts que leurs mains ne fa-
vaient pas défricher, ne fe vêtiffant que de
leur innocence, fe raffemblant fans fe
connaître, & jouiffant fans aimer ?

Il me femble que l'homme, en ou-

vrant les yeux à la lumiere, a des rapports avec ce qui l'environne ; il doit
avoir un pere qui le protege & une
mere qui le nourrit. Si ces êtres bien-
faifans fuivent la pente de leur cœur,
l'enfant eft lié par le pacte focial ; s'ils
l'abandonnent, il meurt, & il n'y a point
d'état de nature.

Quelle a été l'époque de cet état imaginaire ? Tous les monumens qui nous
reftent, atteftent que la fociété a toujours
exifté, & que depuis qu'il y a des hommes,
ils nous reffemblent.

Il eft probable, que lorfque notre
planete a commencé à fe peupler, l'é-
cliptique coincidait avec l'équateur ; alors
la nature était dans toute fa force. Notre
intelligence fe déployait en raifon de la
vigueur de nos organes ; & bien loin
que les hommes de cet âge fortuné
fuffent des enfans relativement à nous :
malgré nos lumieres philofophiques &
notre orgueil, nos hommes faits ne font
auprès d'eux que des enfans.

Je fuppofe que des révolutions du globe anéantiffent la plus grande partie de l'efpece humaine ; les reftes malheureux qui auront échappé à cette cataftrophe , n'en fentiront que mieux le befoin de vivre en fociété ; ils chercheront, en fe raffemblant, un afyle contre le ciel qui les menace , & il n'y aura point d'état de nature.

Des mifantropes ont defiré que l'homme policé rentrât dans les bois, & changeât fes connaiffances contre l'inftinct des quadrupedes. Ce defir a quelque rapport avec celui de Caligula, qui voulait que le peuple Romain n'eût qu'une feule tête , afin de l'abattre d'un feul coup. Il eft auffi abfurde , fans être auffi deftructeur.

J'en appelle à la bonne foi de ces mifantropes ; comment peut-on defirer que Lucullus quitte fa table pour vivre de glands ; que l'artifte qui a bâti la Bafilique de Saint-Pierre , aille coucher fous un plane, & que Locke oublie l'art de penfer ?

Quand même ce rêve de l'imagination philofophique pourrait fe réalifer, qu'y gagnerait-on ? Le principe qui tend à nous perfectionner, eft un reffort dont l'activité fe déploie fans ceffe. Nous gravitons vers l'état focial, comme notre globe vers le foleil ; & au bout d'un demi-fiecle, nous nous retrouverions au même point où nous fommes aujourd'hui.

On dit que l'homme de la nature doit être plus heureux que l'homme civilifé; mais cet être imaginaire ne ferait qu'un enfant robufte, fuppléant par fa conftance à fe relever, aux lifieres qui auraient prévenu fes chûtes. Ce n'eft pas l'abfence des befoins, c'eft l'art de les régler qui rend l'homme heureux; comme ce n'eft pas l'abfence des paffions, mais leur bon ufage qui fait le philofophe.

Les feuls êtres qui pourraient avoir

quelque rapport avec cet homme naturel des philofophes, feraient ces hommes fauvages qu'on a trouvés de tems-en-tems dans les forêts de Heffe, d'Irlande & de Lithuanie, qui femblaient manquer de l'organe de la parole, & qui marchaient à la maniere des quadrupedes; mais ces malheureux individus étaient probablement des enfans de l'amour, abandonnés par des bêtes féroces, appellés des peres, & nourris par d'autres bêtes féroces, appellés des ours; ils vécurent dans le fein des allarmes, & moururent fans poftérité.

L'état de nature n'a donc jamais exifté; & ce n'eft point par cette fable philo-fophique que je dois commencer l'hif-toire des hommes.

Il faut maintenant ouvrir la derniere porte du monde focial, avant d'y faire entrer les Atlantes du Caucafe.

L'homme primitif eft né bon, a dit le vertueux mifantrope, à qui nous devons l'ingénieux roman d'*Emile*. Il fe trompe ; cet homme primitif n'eft né qu'avec l'aptitude à la bonté. Le monde moral n'eft rien pour lui, quand il ne peut juger fes rapports avec les étres qui l'environnent. Son cœur eft une argile flexible, qui ne peut être modifiée que par l'habitude.

Non, l'homme primitif eft cruel, dit d'un autre côté le célebre Helvetius : voilà une erreur encore. La cruauté eft le mouvement d'un cœur dépravé , qui lutte contre la nature ; ainfi, il y a à la fois contradiction dans l'idée & dans les termes qui l'expriment.

L'homme primitif n'eft ni bon , ni méchant ; c'eft un automate dont les refforts attendent pour être montés, la main des étres avec qui il habite.

L'éducation fociale eft donc le Promethée qui vivifie la ftatue de l'homme. Faites naître Caton parmi les Satrapes de la Perfe , & il mourra ignoré dans la foule des efclaves. Tranfportez le Sybarite, que le pli d'une rofe tient éveillé, dans Rome adolefcente, & il ira affronter dans Carthage le tonneau déchirant de Régulus. Un Groënlandais élevé par Newton, pourra peut-être le remplacer ; & Newton, né dans le Groënland, ne fera qu'un homme de plus, qui pefera fur la furface du globe.

L'Atlante du Caucafe, né avec des organes vigoureux & une intelligence fufceptible d'être modifiée par les befoins, par l'éducation & par l'habitude, a donc pu entrer aifément dans le monde focial. Dès qu'il s'en eft frayé les avenues, l'horifon de fes idées s'eft développé; les arts qu'il appellait font venus à fa voix, & la réflexion, auffi bien que le hafard, ont pu concourir à une foule de découvertes.

La marche de la civilifation fut bornée, fans doute, tant que l'homme primitif fe vit refferré dans l'ifle du Caucafe. Ne pouvant faire avec des peuples qui n'exiftaient pas encore, un échange de lumieres, il fut réduit à interroger la nature au fein de fa montagne & fur les bords de l'océan qui bornait fa prifon ; cette carriere n'était pas affez étendue pour l'homme de génie. Les Bacon, les Newton, ne pouvaient naître parmi les Atlantes , & ce peuple n'était éclairé qu'autant qu'il lui fallait pour être heureux.

Dans la fuite, les pics des montagnes inférieures de la chaîne du Caucafe fe découvrirent. L'Atlante apprivoifé avec la fureur des vagues, fe conftruifit pour y aborder une demeure flottante ; l'art de la navigation fe vivifia, les colonies du peuple primitif commercerent avec la métropole , & on en vint jufqu'à chercher au travers de mers inconnues des mondes nouveaux, fur la parole d'un pilote & fur la foi des étoiles.

Je ne balance pas à regarder cette époque de la navigation perfectionnée, comme la ligne intermédiaire qui fépare le globe enfant, du globe dans fa maturité.

Ce ferait un fpectacle bien curieux ,

fans doute, pour des hommes dégénérés, que de voir ce que put autrefois la
raifon, lorfque la nature avait toute la
vigueur de l'adolefcence ; mais tous les
monumens qui pouvaient en perpétuer
le fouvenir font anéantis. L'hiftoire de l'efprit humain, dans les fiecles les plus heureux, fe réduit à quelques lignes, & encore
ces lignes n'ont-elles qu'un fens caché,
même pour le vulgaire des philofophes.

Lorfque le peuple primitif alla vivifier
les déferts de la chaîne des Atlas, il y
avait long-tems que l'entendement humain était affez mûr pour opérer de
grandes chofes ; mais le foleil d'Afrique
favorable , peut - être , à l'imagination
des poëtes, ne convenait pas à ce fang
froid philofophique , qui étudie avec
méthode les principes de la nature, qui
les analyfe & qui les enchaîne ; & c'eft
fous un autre climat qu'il faut chercher
ces génies fupérieurs, qu'après quelques
générations toute la terre adopte, parce

qu'ils ont moins travaillé pour leur patrie que pour le genre humain.

Tout nous ramene au Plateau de la Tartarie, tout nous y indique un foyer de lumieres, dont les rayons difperfés en Afie & en Europe, ont, après une foule de fiecles, éclairé les Brames de Bena-rès, produit l'académie de Balk, & peut-étre préparé le fiecle d'Alexandre.

Les Atlantes de la Tartarie avaient quitté fans doute depuis long-tems les Hyéroglyphes pour prendre l'écriture en caracteres, quand ils commencerent à élever l'édifice des connaiffances hu-maines. Les Hyéroglyphes forment un langage trop compliqué & trop dépen-dant, foit du caprice de l'homme qui le parle, foit de celui de l'homme qui l'interprete, pour qu'il devienne l'idiome de la raifon. L'autre écriture eft la feule digne d'un fiecle éclairé ; & plus les caracteres en font fimples, plus elle mé-rite de fixer la penfée, & de tranfmettre

aux dernieres générations les monumens
du génie.

Il y a beaucoup d'audace, sans doute, à
rechercher parmi toutes les langues antiques, dont il reste quelque trace dans l'histoire, celle qui se rapproche le plus de
la langue primitive, qu'ont dû parler les
Atlantes de la Tartarie ; mais le scepticisme avec lequel j'expose mes conjectures, prouve le desir que j'ai qu'on les
rectifie. Il me semble que l'idiome des
insulaires d'Jambule serait digne par la
construction simple & hardie de son alphabet, de représenter cette langue primitive. On n'y admettait, comme j'ai déja
eu occasion de l'observer, que sept caracteres ; mais chacun d'eux avait quatre
positions différentes, ce qui forme vingt-
huit lettres ; les lignes y étaient tracées,
non de gauche à droite, comme parmi
nous, ni de droite à gauche, comme dans
quelques langues de l'orient, mais de haut
en bas. On voit que cet alphabet, le
plus simple de tous ceux qui sont con-

nus, tient eſſentiellement à des élémens primitifs, & qu'il a pu ſervir à tranſmetre chez les peuples de l'ancienne Aſie, les connaiſſances des Pline & des Bacon du Plateau de la Tartarie.

Si cet alphabet d'Jambule ſe trouvait ſur quelques monumens, on verrait le rapport qu'il a avec les alphabets primitifs de l'Aſie, tels que l'Allmoſnad, tracé en Arabie du tems du patriarche Joſeph, & dont les Arabes eux-mémes ont perdu l'intelligence ; les caracteres Samskretans, que les Gentoux, croient tenir du dieu Brama, & les lettres qui compoſent la langue ſacrée du Tibet ; mais ici, les conjectures philoſophiques ne peuvent pas tenir lieu de faits ; & la grammaire connue des Arabes, des Lamas & des Brames, ne conduit pas à deviner celle des Atlantes.

Les Atlantes Tartares ont des ſignes pour fixer la penſée fugitive ; ſi nous y ajoutons un climat tempéré, une religion pacifique, & un gouvernement qui reſpecte les propriétés, nous verrons naître dans leur patrie, d'abord les arts grossiers inventés par le besoin, ensuite le goût qui les perfectionne, & enfin la raison qui les analyse, & leur assigne un rang dans l'échelle de nos connaissances.

Dès que l'homme sut écrire, il sut peindre ; car on sait que la premiere écriture est hyéroglyphique, & un hyéroglyphe n'est autre chose qu'un tableau.

Le fameux Hermes, qui avait beaucoup voyagé en Asie, apprit probablement les élémens de la peinture parmi les Atlantes de la Tartarie ; & à son retour, il cultiva cet art avec tant de succès, qu'il devint le Vandick de son siecle. Sanchoniaton parle fort au long dans son fragment, des portraits ressemblans qu'il fit de toute la famille de Saturne.

Les arts d'agrément ne font séparés que par des nuances légeres, parce qu'ils ont tous pour base l'imitation de la nature. Or, la main légere de l'artiste n'a pu s'exercer à dessiner un oiseau, que son gosier n'ait tenté auparavant de répéter son ramage. Cette partie de la musique, qu'on appelle la mélodie, remonte presqu'aussi haut que l'usage de la parole. Il n'en est pas de même de l'art de combiner les sons qu'on nomme harmonie ; c'est le fruit d'une métaphysique profonde, fondée sur les expériences délicates d'une oreille fine & exercée. Il pourrait donc se faire que ces Atlantes Hyperboréens que nous avons représentés, comme formant un peuple de musiciens, n'eussent aucune connaissance de la science des accords. L'Apollon auquel leur isle était consacrée, & qui, dit-on, les honorait tous les dix-neuf ans de sa présence, ne jouait que de la lyre, pendant ses apparitions nocturnes. Ce ne fut que long-tems après qu'on apprit à marier les sons d'un instrument avec ceux de la voix ; & alors la Grèce fit du dieu de la lyre, le dieu de l'harmonie.

L'art de modeler des hommes en

argile ou en marbre, n'est pas aussi
compliqué que celui de faire concourir
une suite non interrompue d'accords,
aux plaisirs de l'ame & de l'oreille;
ainsi l'Athenes des Atlantes Tartares
pourrait avoir eu des Pigal & des Girar-
don, quoiqu'elle n'eût produit ni des
Piccini, ni des Pergolese. On peut
juger des progrès que fit la sculpture
dans le plus bel âge de l'industrie humaine, par les prodiges qu'elle exécuta
long-temps après dans l'Atlantide de
Platon. On se rappelle les statues d'or
qui décoraient le fameux temple décrit
par le disciple de Socrate ; les cent
Néréides qui y étaient représentées, as-
sises sur des dauphins, & sur-tout ce
Neptune debout sur un char attelé de
six chevaux aîlés, dont la taille colossale touchait au faite de l'édifice. Il est
vrai qu'il faut un peu se défier de l'imagination brillante de Platon, qui créait
peut-être ses temples comme ses répu-
bliques. Il est certain du moins que

cette Czarine qui éleve à grands frais, à Pierre-le-Grand, un monument digne de tous deux, ne ferait pas exécuter celui de l'Atlantide, quand elle difpoferait pendant un demi fiecle, du génie de Falconnet & de l'argent de toute la Ruffie.

Que dire encore de ce temple de l'Atlantide, qui avait un ftade ou trois cens fix pieds de long, & trois plethres ou environ foixante pieds de large, dont les murs extérieurs étaient revêtus d'argent, & le faite couvert de lames d'or? Ovide, comme je l'ai déja fait preffentir, peut décorer ainfi le palais du foleil; mais une hiftoire philofophique ne doit pas être écrite du ftyle des métamorphofes.

J'aime mieux juger de l'architeéture Atlantique par le temple de Jupiter, élevé dans une ifle de l'Archipel Panchéen, que nous connaiffons par le témoignage d'Evhemere. Cet édifice du moins, n'était bâti que de pierres de taille ; il est vrai que l'historien lui donne deux arpens de long sur une largeur proportionnée, ce qui suppose une étendue plus grande que celle de la basilique de Saint-Pierre, la plus vaste du monde connu ; mais enfin, un ouvrage qui n'exige que de la patience, est possible, quand on trouve des bras pour l'exécuter. Les Pharaons ont bien élevé des pyramides. De plus, il n'est pas dit que le temple Panchéen fut terminé par une voûte hardie, comme celle du temple de Rome. Il n'est pas dit que le Michel-Ange des Atlantes, trouvant un Panchéon dans son isle, le plaçât dans les airs, pour en faire le dôme de sa basilique ; ainsi, rien ne peut diminuer la gloire des architectes de Saint-Pierre.

Les arts, du Plateau de la Tartarie, se répandirent dans le reste de l'Asie, & delà en Afrique & en Europe ; mais, quoiqu'on ne les ait connus que dispersés, il est aisé de s'appercevoir qu'ils

tinrent originairement à un fyftême général. Les peuples intermédiaires, entre
les Atlantes & les Grecs, les cultiverent
avec des fuccès différens, mais fans remonter aux principes ; par-tout les connaiffances humaines étaient des rameaux
ifolés, & le tronc qui les réuniffait, ne fe
trouvait que dans l'Athenes des Atlantes.

Ce n'eft pas une légere obfervation,
que celle qui fait réfulter des manieres
diverfes de calculer les tems, trouvées
dans l'Inde, à la Chine & en Egypte,
les mémes finchronifmes.

C'eft encore un grand trait de lumiere,
jetté dans la nuit du monde primitif, que
la découverte d'une mefure uniforme
d'où dérivent toutes les mefures itinéraires de l'antiquité. Je veux parler de
la grande coudée de vingt pouces &
demi, confervée fur le Nilometre du
Caire coudée qui, ainfi que je l'ai déja
obfervé, n'eft point dans la proportion
de la ftature humaine, telle qu'elle exifte

aujourd'hui, & qui fuppofe un peuple de géans, inftituteurs d'une foule de peuples dégénérés.

Je voudrais bien fuivre la chaîne qui liait entr'eux tous les arts dans l'Athenes de la Tartarie ; mais le tems déftructeur a caffé prefque tous les anneaux de cette chaîne, & j'aime mieux, en qualité d'hiftorien, franchir les intervalles que les fuppléer.

Il ne nous refte rien des poëtes & des orateurs Atlantes ; mais certainement, ils en ont eu, puifqu'il eft démontré qu'ils ont joui d'un fiecle de lumieres ; telle eft la marche de l'efprit humain. Le goût précede toujours la raifon. On a des Boffuet, des Racine & des Molieres, long-tems avant d'avoir des Condillac, des Dalembert & des Montefquieu.

La morale chez ce peuple qui n'était dégradé ni par la fuperftition, ni par le defpotifme, ne pouvait être que très-fimple ; elle devait confifter à être bien avec dieu & avec les hommes, à ne fe trouver jamais ni en-deçà, ni au-delà de la nature.

La philofophie de l'Atlante, fondée à la fois fur le refpect dû au pacte focial & fur l'indépendance des préjugés, devait confifter à ne vendre fon ame au caprice d'aucun defpote, à juger les hommes fans troubler leur repos, & à ne penfer que d'après foi-même, les loix & la vertu.

Le moment des conjectures eft paffé, & les traits que j'ai à ajouter au portrait des Atlantes peuvent être confiés au burin de l'hiftoire.

La phyfique, ou la fcience des faits naturels, fcience que la Grèce elle-même, toute orgueilleufe qu'elle était, n'a fait qu'entrevoir, a fait la gloire du fiecle des Atlantes.

Ce peuple ingénieux ne reconnaiffait qu'un principe de tout, qui était le feu élémentaire. Avec cette clef ingénieufe, il ouvrait toutes les portes du monde phy-fique, il expliquait la génération des êtres, leur deſtruction apparente & leurs métamorphoſes.

Cette théorie ſublime ayant paſſé des philoſophes à la multitude, elle en abuſa, & delà vint le Sabiſme, ou le culte du feu, la moins abſurde des religions, quand on a abandonné celle de la nature.

Les Atlantes avaient eu beſoin de monter de vérité en vérité pour arriver au ſyſtême du feu principe ; mais il ne leur avait fallu que jetter un regard autour d'eux, pour s'aſſurer de l'influence des eaux ſur l'organiſation du globe. Cet élément dominateur ſemblait menacer à chaque inſtant d'envahir leur patrie ; ils l'é-tudierent avec ſoin, ils ſonderent ſes aby-mes, ils ſoumirent à des loix les déſordres de ſa ſurface ; & quand on le connaît auſſi bien, on ne tarde pas à le ſubju-guer.

Je ne ſais ſi je me trompe, mais il me ſemble que plus on remonte vers le berceau du monde primitif, plus on s'approche du vrai fyftême de la terre. Qu'on fonge qu'à cette époque l'océan, moins contrarié par les courans, n'ayant point devant lui ces vaftes continens qui rompent l'effort de fes vagues, devait avoir une marche égale & une action uniforme. Or, plus les phénomenes que préfentait fon balancement étaient conf-tans, plus ils étaient aifés à expliquer.

Les vents ne fe trouvant pas encore contrariés dans leur cours par l'architec-ture compliquée du globe, ils dérivaient peut-être tous de la raréfaction de l'air, comme le vent d'eft fous les Tropi-ques, ce qui fimplifie prodigieufement leur théorie.

L'ofcillation du flux & reflux, étant moins fujette à varier, on était plus à portée d'obferver l'action de la lune fur la maffe des mers, & de la foumettre à des calculs.

Ces calculs fur le phénomene des marées ne pouvaient avoir de jufteffe qu'en admettant le grand principe, que tous les corps pefent dans l'univers les uns fur les autres, en raifon directe des maffes, & en raifon inverfe du quarré des diftances. Voilà donc les Atlantes fur la voie de la gravitation, & je ne ferais point étonné que cette clef de la nature, avant d'avoir été trouvée par le Newton de l'Angleterre, l'euffent été par les Newton du mont Caucafe.

La colonie des Atlantes de la Tartarie ne fit, je penfe, que profiter des connaiffances de fa métropole fur la théorie des mers, pour perfectionner la géographie & la navigation. Il n'eft pas probable que cette théorie ne remontât qu'au fiecle philofophique qui m'occupe; elle était trop liée avec les befoins des premiers hommes, pour n'avoir pas été rencontrée fur le globe, à l'époque de fon adolefcence.

Ce qui caractérife particulierement le fiecle Atlantique de Pericles, c'eft l'enchaînement que fes philofophes mirent, fans doute, à cette foule de fciences qu'ils avaient découvertes, ou dont ils avaient hérité ; avant eux ces connaissances avaient paru éparses & mutilées ; après eux, elles le devinrent encore. Voilà le sceau qui sert à distinguer l'Athenes Tartare, de toutes les villes qui se sont fait honneur de ses dépouilles, & le peuple inventeur, des peuples dépositaires.

Je me hâte d'arriver au dernier monument de la gloire des Atlantes ; monument inaccessible au scepticisme, & qui a servi à empêcher ce peuple instituteur d'être effacé à jamais de la mémoire des hommes.

Il est démontré, que la nation éclairée qui habita sur le plateau de la Tartarie, fut une nation d'astronomes.

Il lui était aisé, sans doute, de marcher à pas de géant dans cette belle carriere ; tout concourait à la lui applanir : ce climat de seize heures, ce beau ciel, si favorable aux observateurs, & cette heureuse distance, soit du pole, soit de l'équateur, qui empêche le génie de s'épuiser en luttant contre la nature.

Il paraît que ces Atlantes étaient parvenus au vrai fyftême planetaire qui s'eft perdu enfuite, & que l'Europe inftruite cependant par les erreurs des Grecs, n'a retrouvé qu'après vingt fiecles de tâtonnement. Ce fyftême, qui confifte à placer le foleil au centre des planetes, fuppofe un effort prodigieux de génie de la part de fes inventeurs; car quand on s'en rapporte au témoignage de fes fens, quand on voit l'aftre de la lumiere parcourir tous les jours d'orient en occident la carriere célefte : quand l'œil rapporte fans ceffe la pofition des aftres à divers points de l'efpace : il bien difficile de foupçonner que tous ces phénomenes dérivent de la rotation du feul globe qui nous paraît immobile, & le philofophe qui cherche à les expliquer, doit épuifer toutes les hypothèfes les plus abfurdes, avant d'arriver à la vérité.

Au reste, il était bien plus aisé aux Atlantes qu'à nous d'avoir un Copernic, puisqu'ils connaissaient presque toutes les planetes de notre systéme solaire. On voit dans le Shastah de Hollwell, que la division de ce systéme en quinze mondes est dans l'Inde de l'antiquité la plus reculée. Il est vrai que les mondes du Shastah, ne servent qu'à loger des anges rébelles, où des ames qui se purifient; mais ces rêveries avaient pour base une vérité physique, & la théologie des Brames n'avait fait à cet égard, que copier & défigurer l'astronomie des Atlantes.

L'Athenes Tartare comptait sans doute parmi ces quinze mondes, les satellites de Jupiter & de Saturne; mais ce sont des planetes subalternes, qu'à la simple vue, il est impossible de distinguer. Serait-ce donc que les hommes primitifs, plus favorisés de la nature, & ayant des organes plus subtils, vissent dans le ciel des objets qui nous échappent ? Serait-

ce que le télefcope , en ufage parmi
leurs aftronomes , leur rapprochât ces
mondes auxquels leur vue ne pouvait
atteindre , & créât pour eux , comme
pour notre Caffini, un nouveau firmament ?

Si le télefcope ne fut pas connu des
Atlantes de la Tartarie, qui probablement pouvaient fe paffer de ce fixieme
fens, il me femble du moins qu'on ne
peut en refufer la découverte à quelques-
unes de leurs colonies dégénérées. Il eft
impoffible fans cela, d'expliquer comment les Hyperboréens de Diodore ,
peuple éclairé, qui faifait ufage du cycle
aftronomique de Meton , voyaient dans
la lune, des montagnes.

Et pourquoi notre orgueilleufe ignorance s'obftinerait-elle toujours à nous
donner un droit exclufif, foit aux découvertes du hafard, foit à celles du
génie? Que fignifient ces longs tubes qui
fervaient à Hipparque dans fon obfer-
vatoire ? Comment interpréter le fameux

texte de Strabon , que *les vapeurs de l'atmosphére font le même effet que les tubes , & qu'elles augmentent les apparences des objets (a)* , fi on n'accorde pas à la moyenne antiquité l'ufage du télefcope ?

Avec des idées juftes fur la pofition du foleil & fur le mouvement des planetes dans fon fyftême , il était impoffible que les Atlantes n'euffent rencontré des périodes exactes pour calculer les tems. La politique chez tous les peuples doit tenir le calendrier des mains des aftronomes.

Les faits viennent ici à l'appui de nos conjectures. L'Inde , inftruite par les Athéniens de la Tartarie, a connu de tout tems la période lunaire de dix-neuf ans , qu'on appelle le cycle de Meton , & l'année folaire de 365 jours & un quart , qui ne differe que de quelques minutes de celle qui fert de bafe aux calculs de nos académies.

Les Chinois & les Arabes emprun-

____

(a) Géograph. lib. 3.

terent probablement des Atlantes, leur cycle de deux mois lunaires, ou de foixante jours. Notre Europe a trouvé cette divifion étrange, en ce qu'elle conduit à partager l'année en fix faifons, & l'Europe a tort ; comme dans les beaux climats de l'Afie, il n'y a gueres qu'un printems, fes habitans n'avaient pas plus de raifon pour faire des cycles de quatre mois, que des cycles de foixante jours.

Les Chaldéens tiennent de ce peuple inftituteur, leur fameufe période lunifolaire de fix cens ans, qui fuppofe une théorie profonde des mouvemens combinés de la lune & de notre globe autour du foleil, & qui exige des obfervations de cinquante fiecles, pour pouvoir fervir de loi aux aftronomes.

Un écrivain qui met beaucoup d'efprit dans fes recherches, a voulu auffi faire honneur à nos Atlantes de la période de 25920 ans, qui détermine la révolution des fixes ; mais l'efprit n'eft point pour moi le type de la vérité, &

il faut, ainſi que je l'ai déja obſervé, des garants plus ſûrs pour un hiſtorien que pour un philoſophe. Aſſurément, de ce qu'il exiſte dans un coin de l'Indoſtan une période de 144 ans, & dans un coin du Tibet, une autre de 180, il y a un peu de hardieſſe à conclure, que ces deux périodes ont été réunies par les Athéniens Tartares, pour en former la fameuſe préceſſion des équinoxes.

Il eſt un peu plus démontré, que c'eſt dans les monumens de ce peuple inſtituteur, que les diſciples d'Atlas apprirent à découvrir par les phaſes de la lune le principe de la lumiere.

On ne ſaurait nier encore, que les Brames de l'Inde tiennent de lui leurs antiques formules, pour calculer les éclipſes.

Le fait le plus extraordinaire ſur le progrès des connaiſſances aſtronomiques dans l'Athenes des Tartares, c'eſt que Babylone puiſa dans la tradition des Atlantes ſon opinion ſur le retour périodique des cometes. On fait que notre grand Caffini prenait ces aftres affujettis à des mouvemens réguliers, pour des météores ; quant aux fiecles de Péricles & d'Augufte, ils crurent qu'ils n'avaient été femés dans l'efpace, que pour fervir de bafe à l'art frivole des horofcopes.

Je parle toujours des connaiffances aftronomiques des orientaux, comme s'ils n'en étaient que les dépofitaires ; mais ce fait eft démontré, fi quelque chofe peut l'être dans la haute antiquité.

On a trouvé des traces du vrai fyf-tême planetaire chez les Chinois ; mais les Lettrés n'ont point fondé fur lui leur calendrier. Ils parlent d'une tradition fur la mefure de la terre, & ils n'ont aucune notion de la mefure même ; ils calculent de tems immémorial les éclipfes, & ils font perfuadés qu'il ne peut y avoir d'éclipfes totales du foleil ; ce n'eft point là la marche naturelle de l'efprit humain. Rien n'arrête dans la carriere philofo-phique l'homme de génie qui entrevoit la vérité ; ce font les chevaux du Jupiter d'Homere qui font trois pas , & qui, au troifieme , atteignent aux limites de l'univers.

Comment les Brames de Benarès auraient-ils inventé leurs formules pour le calcul des éclipfes , puifqu'ils n'en faifaient point d'ufage, puifqu'il eft prouvé que le vrai fyftême planetaire leur était inconnu ? Un peuple qui n'arrangerait de petites glaces en compartimens que pour le vain plaifir des yeux, ferait-il cenfé avoir créé le miroir d'Archimede ?

Et ces Chaldéens, qui admettaient une période lunifolaire de fix cens ans & une marche réguliere dans les cometes, fi ces grands principes étaient dus au génie de leurs mages , pourquoi l'aftronomie eft-elle reftée chez eux au berceau ? Pourquoi Hipparque a-t-il jugé leurs obfervations vagues ? Pourquoi les a-t-il méprifées & refaites ?

Il eft donc bien démontré , que fi l'on trouve des étincelles de lumieres, éparfes dans toute la partie orientale de notre continent, le vrai foyer n'eſt que dans l'Athenes des Tartares (*a*).

Cette Athenes n'exiſte plus aujourd'hui, méme par ſes ruines. Un peuple dégénéré établit ſes cabanes mobiles ſur ce ſol, qui fut originairement couvert des monumens du génie ; il contemple avec une vanité barbare les déſerts qu'ont faits ſes ancétres, & nous, dans un coin

---

(*a*) On imprimait cette feuille quand on a publié *l'hiſtoire de l'aſtronomie moderne* ; j'y ai rencontré une nouvelle preuve, que toutes les connaiſſances aſtronomiques de l'Aſie viennent des Atlantes du plateau de la Tartarie ; on y lit tome I, pag. 275. « Des étrangers, venus » du pays de Kantgu, habité aujourd'hui par les » Tartares Usbeks, contrée plus ſeptentrionale » que Samarcande, de trois ou quatre degrés, » apporterent autrefois à la Chine une aſtronomie » nommée *Kieouteke*, qui avait auſſi été adopée » par les Brames ». —— L'auteur tire un grand parti de ce fait, & on ne peut que lui applaudir ; car ici il eſt à la fois éloquent & philoſophe.

de l'Europe, nous tâchons de dérober à l'oubli quelques momies des Atlantes Tartares, que la philofophie a pris foin de conferver ; heureux fi cette découverte nous conduit à jetter quelque jour dans la nuit du monde primitif, fi elle nous indique la marche graduée de l'efprit humain à une époque de l'hiftoire du globe inacceffible à la chronologie, & fur-tout s'il réfulte de nos recherches une haine réfléchie & profonde contre cette fureur des conquêtes, à qui on doit l'anéantif-ment de la nation la plus digne d'occuper la mémoire des hommes !

FIN DE L'HISTOIRE DU MONDE PRIMITIF, OU DES ATLANTES.

TABLES

POUR L'INTELLIGENCE

DE L'HISTOIRE

DES HOMMES.

Des hommes supérieurs qui s'intéressent à la perfection de cet ouvrage ; (car il n'y a que la médiocrité qui s'indigne du progrès des lumieres) des hommes supérieurs, dis-je, ont desiré qu'on plaçât, à la tête de cette histoire, des tables qui en facilitassent l'intelligence. On s'est déterminé volontiers à ce genre de travail, qui demande plus de patience que de génie, à cause de l'utilité générale qui doit en résulter ; & le plaisir qu'on trouve à s'oublier ainsi, pour servir ses lecteurs de la maniere qu'ils le desirent, fait espérer qu'ils verront ces essais avec quelqu'indulgence.

Voici la vraie place de ces tables. Jufqu'à ce moment, nous avons erré avec le baton de la philofophie, dans un monde qui ne femblait percé d'aucune route; il était inutile d'en marquer les diftances. Il n'en eft pas de même de celui où nous allons entrer. Les pas de l'homme fe trouvent empreints fur toute fa furface; il faut donc fixer fes mefures itinéraires, & évaluer les formules de fes chronologiftes & de fes géographes.

Les auteurs des anciennes hiftoires univerfelles n'ont pas voulu defcendre à ces détails, comme s'ils étaient indignes de la majefté de leur entreprife. Auffi le lecteur fe trouve arrêté à chaque inftant, & le tems qu'il emploie à confulter les dictionnaires, lui fait perdre fans ceffe le fil des idées de l'hiftorien.

Quelques écrivains modernes, entr'autres les compilateurs de l'hiftoire univerfelle Anglaife, fentant la néceffité de ces tables, ont bien voulu s'en occuper, mais il les ont fait inexactes; ce qui eſt un inconvénient encore plus grand pour les leċteurs , même inſtruits, qui aimeraient bien mieux avoir à ſe plaindre de l'oubli d'un hiſtorien que de ſes erreurs.

On tâchera , en ne conſultant que de bonnes ſources, de donner la plus grande exaċtitude à nos tables. On s'attachera auſſi à les rendre courtes ; car le plus grand mérite de cette partie méchanique de l'hiſtoire , après l'exaċtitude , eſt la précifion.

TABLES

DES

MESURES ITINÉRAIRES (a).

L'HOMME, en qualité de roi de la nature, s'est constitué primitivement la mesure de tout, il a été l'échelle de tous les êtres, dont la dimension a pu être soumise à ses calculs.

(a) Les ouvrages consultés pour cette table sont les *mém. de l'acad. des sciences*, ceux de *l'acad. des belles-lettres*, le *traité de l'astronomie* & son *histoire*, le livre des *ruines de la Grèce*, le traité Italien *des mesures*, par Cristiani, les *tables* Anglaises du docteur Arbuthnot, le livre du pere Riccioli, qui a pour titre *chronologia reformata*, & sur-tout un ouvrage du premier de nos géographes, qui a pour titre *traité des mesures itinéraires, anciennes & modernes*. Nous nous faisons une gloire d'adopter le résultat d'un très-grand nombre de ses calculs.

La largeur de son doigt, la largeur de son pied, l'étendue de son bras, depuis le coude jusqu'à l'extrêmité de sa main, l'intervalle de ses pas ont donc été le type des mesures, en usage dans tous les siecles & chez tous les peuples de l'univers.

Malheureusement, ce roi de la nature n'a point une taille égale, du pole à l'équateur ; il s'est trouvé dans des âges très-reculés, où les principes générateurs de la nature avaient la plus grande activité, des individus humains, & même des races d'hommes à taille colossale, dont les doigts, les pieds, la coudée & les pas étaient en proportion de la hauteur de leur corps. Ces géans avaient plus de droit encore que le reste des habitans du globe, à se faire le principe de la mesure universelle ; delà il a résulté d'étranges variations dans les calculs fondés sur les proportions du corps humain. On se servait par-tout des mêmes signes, & les objets signifiés n'étaient pas les mêmes. Les peuples femblaient avoir adopté une grammaire uniforme, & aucun d'eux ne pouvait s'entendre.

Ce défaut s'eft fait fentir particulié-rement dans l'évaluation du ftade, une des mefures itinéraires le plus en ufage dans l'antiquité. Hercule mefura, par l'intervale de fes pas, la carriere du ftade Olympique ; & ce héros étant plus grand que fes contemporains, fon ftade s'eft trouvé avoir plus d'étendue que les autres ; ce qui a produit une foule d'er-reurs dans les livres des géographes.

Comme nous n'avons plus d'Hercules, même dans nos armées, nous avons été obligé de faire dériver nos mefures itiné-raires d'une autre évaluation du pas. L'idée qui a fervi de bafe à ces nouveaux calculs eft excellente, & nous ne crai-gnons point de la propofer pour modele. L'expérience apprend, que dans une marche commune, qui n'eft ni lente, ni accélérée, l'homme d'une taillé ordi-naire peut faire environ 7500 pas de deux pieds chacun dans une heure, ce qui donne par le calcul 2500 toises; on eſt parti de cette obſervation pour régler l'intervalle des lieues militaires. Une ordonnance de 1754, veut que les ſoldats, dans une marche d'armée, ſoient exercés à faire 120 pas dans la durée d'une minute; or, 120 pas de 2 pieds, donnent 40 toiſes par minute & 2400 toiſes par heure, ce qui conſtitue auſſi la lieue de nos aſtronomes.

Cependant on ſent que le pas de deux pieds n'a pu être originairement celui des hommes du monde primitif, qui nous effaçaient par la taille, ainſi que par l'intelligence. A meſure que le globe panchera vers ſa décrépitude, cette taille du roi de la nature diminuera encore; alors il ne fera plus 7200 pas dans une heure, & la lieue militaire ſera rectifiée par de nouvelles ordonnances.

Il ſerait à ſouhaiter que l'homme eût fondé ſa meſure univerſelle ſur une baſe invariable; malheureuſement il n'y a point de corps fur la furface du globe qui ne foit fujet aux viciffitudes de la matiere. L'être d'aujourd'hui n'eft plus le même qu'il était hier, & il ne fera plus demain, le même qu'il eft aujourd'hui.

Il refte au philofophe de recourir à une mefure raifonnée, fondée fur des calculs mathématiques; mais comme la vanité des nations, l'habitude du préjugé, la rivalité des puiffances, empêcheront toujours que ces calculs ne foient univerfellement adoptés, je crains fort que la mefure raifonnée que je propofe ne foit toujours un être de raifon.

Revenons donc aux corps naturels, & faifons du moins l'hiftoire des erreurs, que nous ne fommes pas à portée de guérir.

Le doigt de l'homme, n'étant pas le plus petit des corps connus, on a cherché parmi les végétaux, un type repréfentatif de la plus petite des mefures, pour fervir de bafe à la grande échelle.

Les Arabes, les Perfans, & la plupart

des peuples de l'Afie, ont placé latéralement fix grains d'orge, & ils en ont
compofé la mefure du doigt de l'homme.

Ces fix grains d'orge font repréfentés
par les huit grains de ris en ufage à
Siam, & l'une & l'autre de ces mefures
répond à neuf lignes de notre pied.

Il fallait feize doigts chez les anciens,
pour former le pied, que nous formons
de douze pouces.

Le pied variait chez les peuples, à
caufe de l'étalon arbitraire qu'ils avaient
établi : la table en fixera les différences.

La mefure comprife entre l'extrêmité
du pouce & celle du petit doigt, en les
étendant tous deux, conftituait le palme
majeur ; le palme mineur était formé de
quatre doigts ferrés, en faifant abftrac-
tion du pouce.

Le palme a conduit naturellement à
la coudée, qui n'eft autre chofe que la
mefure du bras humain, depuis le coude
jufqu'à l'extrêmité du 3ᵉ. doigt. La diver-
fité que nous avons trouvée dans le pied

des anciens, fe trouve auffi dans leur coudée.

Il nous refte un monument fur la coudée Egyptienne, qui pourrait fervir à fixer nos idées fur les anciennes mefures. C'eft le fameux Nilometre du Caire, établi pour déterminer la crue du Nil & la hauteur de fes débordemens. La longueur de la coudée dans ce monument eft fixée à vingt pouces & demi, où pour parler avec plus de précifion, à 20 pouces $\frac{544}{1000}$ de notre pied de roi (a). La coudée du Nilometre remonte au-delà du fiecle de Sefoftris ; ainfi on peut la regarder comme une des plus anciennes mefures du monde connu.

Les Hébreux avaient une coudée commune, & une coudée facrée, dont le modele était dépofé au fanctuaire du temple de Jérufalem. — Les commentateurs du Pantateuque difent que Goliath, fuivant

______

(a) Voyez le bon ouvrage des *ruines de la Grèce*, pag. 54.

la coudée du temple, avait onze pieds & demi, & fuivant la commune, feulement neuf pieds.

L'homme des anciens qui n'eſt pas le nôtre, en étendant ſes deux bras, comptait de l'extrêmité du doigt majeur de la main droite à celle du doigt majeur de la main gauche, ſix pieds ; cette meſure équivaut à la hauteur de la taille. C'était peut-être l'Orgye primitive, différente de celle des Grecs, & nous la connaiſſons ſous le nom de toiſe.

L'homme ayant épuiſé toutes les meſures que pouvait lui fournir ſon corps dans ſon état d'immobilité, s'eſt mis en mouvement, & il en a réſulté une meſure particuliere appellée pas, & qui, comme nôus l'avons déja obſervé, a varié ſuivant la taille des perſonnes qui l'employaient, ſuivant que le pas était formé par un géant ou par un Lapon.

Un athlete ordinaire pouvait courir

environ cent toifes fans avoir befoin de s'arrêter. Le terme de fa courfe était 'e ftade ; on en comptait huit pour le mille.

Le mille a été de tout tems la mefure la plus ufitée, & celle fur laquelle il y a eu le plus de partage ; nous nous arrêterons, à cet égard, à l'opinion qui femble la plus conforme aux monumens de l'antiquité.

Le refte des mefures employées, foit dans l'ancien monde, foit dans le nôtre, a le mille pour bafe ; tel eft le Schene de l'Egypte, le Parafange de la Perfe, le Werft de la Ruffie & notre lieue.

Il eft donc bien évident que toutes les mefures itinéraires que l'homme a employées, dérivent originairement de la mefure individuelle de fon corps, foit dans l'état de mouvement, foit dans l'état de repos. Pour réunir l'évaluation de ces mefures diverfes, fous des points de vue qui fatisfaffent tous les ordres de lecteurs, nous en allons donner une table raisonnée, qu'on pourra lire, & une table alphabétique qui ne sera bonne qu'à consulter.

TABLE

RAISONNÉE

DES

MESURES ITINÉRAIRES.

Mesures Françaises.

GRAINS D'ORGE, il en fal-
lait 6, placés latéralement,
pour former chez les Perses
& chez les Arabes, un *doigt*
ou . . . .   lignes. 9

GRAINS DE RIS; il en fal-
lait 8 à Siam pour composer
un *doigt*, ou   9

GRAINS DE MIL. il en
fallait 10 à la Chine pour
répondre à la même mesure
d'un *doigt*, ou de . . .   9

pouces lignes.

DOIGT NATUREL, on en
mettait 16 à un pied de 12
pouces, ainsi   0   9

POUCE, composé d'un
doigt & d'un tiers de doigt
ainsi   0   12

MATE ARMENIENNE, elle
est évaluée dans un manus-
crit précieux de la biblio-
théque du roi, à 12 grains
d'orge, placés latéralement;
ce qui répond à la huitieme
partie du pied, ou à . .   1   6

PALME MINEUR, ou la
mesure de la paume de la
main, quand les quatre
doigts depuis l'index, sont
réunis   3   0

PALME MINEUR DES HÉ-
BREUX OU TOPHACH . .   3   5

PALME MAJEUR, ou la
mesure comprise entre l'extrêmité du pouce & celle du
petit doigt, quand on les

étend tous deux ; ainsi 12 doigts, ou . . . . .

PALME MODERNE DU PORTUGAL . . . . .

PALME MODERNE D'ITALIE, en usage chez les Architectes, évalué par Dominique Cassini à . . .

PALME ANGLAIS ou EMPAN . . . .

PIED NATUREL ; quand dans notre siecle dégénéré, on cherche une moyenne proportionnelle entre les grands & les petits pieds, on l'évalue à . . . .

PIED EGYPTIEN ; en adoptant le calcul donné par le mathématicien Anglais, Greaves, sur la réduction du Nilometre, ce pied équivaudra à 1550 parties de la division du pied de Paris en 1440, ou à . . . . .

	pouces	lignes
doigts, ou	9	0
PALME MODERNE DU PORTUGAL	8	$1\frac{1}{5}$
Dominique Cassini à	8	3
PALME ANGLAIS ou EMPAN	7	0
on l'évalue à	9	$0\frac{4}{5}$
1440, ou à	12	$0\frac{9}{10}$

pouces lignes.

PIED GREC : on le sup-
pose ordinairement , quand
on en fait le parallele avec le
nôtre , dans le rapport de
24 à 25 ; mais un savant a
donné plus de précision à
cette mesure , en mesurant
dans Athènes un temple de
Minerve , dont Plutarque estime la hauteur de 100 pieds,
& qui se trouve aujourd'hui
n'en avoir que 94 & 10 pouces (a), il en résulte que le
pied Grec à   11   4 ½

PIED ATTIQUE, outre le
pied Grec du temple de Minerve , il y en a un autre
dont il est fait mention dans
l'antiquité , & que les Savans évaluent , en le com-
parant avec le nôtre , dans
le rapport de 1360 à 1440,
ainsi   11   5 ⅞

____

(a) Voyez *les ruines de la Grece.*

PIED DE CYRENE : on le ^{pieds pouces lignes.}
nomme aussi pied Ptolémaï-
que, à cause des princes de
la maison des Ptolemées qui
ont regné dans cette ville;
il ne differe pas du pied Attique évalué à 0 11 4½

PIED ALEXANDRIN ;
c'est celui qui était en usage
chez les successeurs d'A-
lexandre ; si on divise le
pied de Paris en 1440 parties, ou dixiemes de lignes,
le pied Alexandrin en sera
1550; ainsi on peut l'évaluer
comme le pied Egyptien à 1 0 0$\frac{9}{10}$

PIED ARMÉNIEN : il se
rapproche, à quatre cinquie-
mes de lignes près, du pied
naturel : les Arméniens le
composaient de six de leurs
Mates : ainsi on peut le déterminer à 0 9 0

PIED ARABE, suivant

les anciens *mémoires de l'a-*
cadémie (a) . . . .

PIED ROMAIN : celui
qu'on a trouvé empreint fur
le tombeau de Coſſutius, ſe
rapporte à-peu-près avec un
autre tiré, il y a deux ſiecles,
d'un marbre du capitole : il
s'évalue à . . . . . .

PIED DE DRUSUS : il était
en uſage en Germanie ſous
le regne d'Auguſte, & for-
mait . . . .

PIED LUITPRAND : cette
meſure eſt due, dit-on, à
un Roi Lombard, dont le
pied était coloſſal, puiſqu'on l'évalue à . . . . .

PIED ESPAGNOL ordi-
naire . . . .

PIED DE CASTILLE : dans
la relation Eſpagnole des

pieds pouces lig.

0 9 $10\frac{1}{72}$

0 10 $10\frac{1}{2}$

1 0 3

1 4 0

0 10 $\frac{4}{}$

(a) Tome 6, pag. 532.

opérations faites au Pérou pieds pouces lig.
pour la mesure de la terre,
ce pied se trouva, dans le
rapport au pied de Paris,
comme 1237 moins un tiers
de dixieme de ligne est à
1440 ; ce qui donne . . 0 10 3 $\frac{7}{10}$

PIED ANGLAIS 0 9 4

PIED DE VIENNE en Au-
triche, suivant le P. Hell . 0 11 8 $\frac{1}{117}$

PIED DES PAYS-BAS . . 0 10 4

PIED DE BOLOGNE, sui-
vant M. Auzout . . . . 1 2 0 $\frac{1}{25}$

PIED DE TURIN, suivant
le P. Beccaria . . . . . 1 6 11 $\frac{1}{70}$

PIED DE PADOUE, sui-
vant M. Christiani . . . 1 3 9 $\frac{1}{5}$

PIED DE VENISE semble,
comparé avec le nôtre, dans
le rapport de 84 à 100 :
ainsi . . . . 0 10 0 $\frac{1}{4}$

PIED DU RHIN, mesuré à
Leyde sur son étalon, par
Picard l'astronome . . . . . 0 11 7 $\frac{1}{10}$

pieds pouces lig.

	pieds	pouces	lig.
PIED DE BOHÊME	0	11	$1\frac{1}{5}$
PIED DE DANNEMARK .	0	11	$9\frac{1}{2}$
PIED DE SUEDE	0	10	$11\frac{1}{2}$
PIED DE LA CHINE, suivant l'étalon du palais impérial envoyé par le Jésuite Parennin à M. de Mairan . .	0	11	$10\frac{4}{10}$
PIED FRANÇAIS	1	0	0

VARE DE CASTILLE : il paraît par la relation Espagnole des opérations faites au Pérou pour la mesure de la terre, que la Vare a environ 3710 parties du pied de Paris divisé en 1440; ainsi on peut l'évaluer à . . 2 6 11

COUDÉE NATURELLE : elle s'estime depuis l'extrêmité du coude jusqu'au bout du doigt majeur : Newton en a établi la proportion à l'égard du pied, dans le rapport de 9 à 5 : ainsi . . . 1 5 0

COUDÉE GRECQUE : on pieds pouces lig. a calculé que le pied Grec renfermant 1360 parties du pied de Paris, qui en contient 1440, la coudée devoit en avoir 2040 ; ce qui suppose 204 lignes & revient à la mesure de la coudée naturelle de 1 5 0

COUDÉE ÉGYPTIENNE : suivant les proportions données par le savant auteur des *ruines de la Grece*, & fondées sur le Nilometre du Caire, une des mesures les plus anciennes du globe, on peut l'évaluer à . . . 1 8 0$\frac{544}{1000}$

COUDÉE COMMUNE DES HÉBREUX, évaluée à . . . 1 5 0

COUDÉE SACRÉE DES HÉBREUX, dont le modele était déposé dans le sanctuaire : après des recherches profondes faites par M. Dan-

ville, & confignées dans le ^{pieds pouces lig.}
vingt-quatrieme volume des
mémoires de l'académie, il
fe trouve que cette coudée
l'emportait fur la commune,
de l'étendue d'un palme
mineur Hébreu, ou de 3
pouces 5 lignes ; ce qui
fait 1 8 5

COUDÉE HÉBRAÏQUE DES
RABBINS : Newton foup-
çonne qu'elle eft fondée fur
quelque modele original,
dont les Juifs nous ont dé-
robé la connaiffance, il l'é-
value à 1 11 3

COUDÉE DE L'ANCIENNE
BABYLONE : Hérodote la
fuppofe de trois doigts plus
forte qu'une autre coudée,
qu'on préfume, avec raifon,
être celle des Grecs : ainfi
elle eft de 1 7 0

COUDÉE ANCIENNE DES

ARABÉS : fuivant le modele pieds pouces lig.
qu'on voit dans un manuf-
crit d'Oxford , elle revient,
à quelques fractions de lignes près, à 2 3 0

COUDÉE COMMUNE DES
ARABES : elle fe concilie
parfait-ment avec les calculs
fur la mefure de la terre,
faits par ordre du Calife Almamoun dans les plaines de
la Méfopotamie, & on l'évalue à . . . . . 1 6 1 $\frac{3}{10}$

COUDÉE NOIRE DES
ARABES : on l'appelle ainfi,
parce qu'on prit pour mo-
dele le bras d'un negre ef-
clave d'Almamoun : ce
negre fe trouvant plus haut
que les Arabes qui le me-
furaient, il s'enfuivit que fa
coudée furpaffa la coudée
commune ; on peut l'éva-
luer à . . . . 1 8 4 $\frac{5}{2}$

	pieds	pouces	lig.
COUDÉE ANCIENNE DE LA CHINE : sous les premieres dynasties, la division décimale était très en usage à la Chine : on y admettait une premiere mesure de 10 grains de mil rangés de suite, qui formaient le fuen ; 10 fuens composaient un doigt, & 10 doigts, une coudée ; en évaluant les 10 fuens à 9 lignes, il s'enfuivrait une définition extravagante de la coudée ; car elle ne monterait qu'à . . .	0	7	6
COUDÉE ANGLAISE . .	1	2	0
PAS COMMUN : un homme d'une taille un peu haute le fait de	2	6	0
PAS GREC ou BÉMA, peut s'évaluer à	1	10	0
PAS ARMÉNIEN, évalué fur des manufcrits orientaux, à . . .	4	6	0

	pieds	pouces	lig.
PAS ROMAIN se rapproche du pas Grec, & s'évalue à	1	10	8
PAS MILITAIRE DES FRANÇAIS réglé à	2	0	0
PAS GÉOMÉTRIQUE : il est le double du pas commun, & on le fixe à . .	5	0	0
PAS ANGLAIS répond à .	3	10	8
PAS CHINOIS : s'il est vrai qu'il soit composé de six de leur Ché, & que le Ché soit plutôt leur pied que leur coudée, il s'ensuivra que ce pas sera géométrique, & composé d'environ	6	0	0

VERGE GERMANIQUE : mesure donnée par un tour de roue ; elle se marque par une pointe de fer placée dans son moyeu ; il n'y a rien de plus vague que cette verge, parce qu'elle dépend de l'étendue arbitraire de la

roue : ainfi on ne peut tirer pieds pouces lig.
aucune induction raifonna-
ble du calcul exagéré qui
l'évalue à . . . . . . 7 5 5 $\frac{1}{3}$

VERGE ANGLAISE : cette
mefure, beaucoup plus raifonnable, s'évalue à 2 4 0

VERGE DE RUSSIE, ou
ARCHINE, fuivant les ma-
nufcrits du Géographe de
l'Ifle . . . . 2 2 6 $\frac{1}{30}$

VERGE DU BÉARN : on
ne la connaît que parce qu'il
eft dit dans un ancien code
de cette Province, que c'eft
une mefure divifée par pans;
en formant la verge du
Béarn de trois pans ou
palmes majeurs, on trouve
à-peu-près la verge Anglaife,
c'eft-à-dire , ... 2 3 0

AUNE MERCIERE DE PA-
RIS : nous avons corrompu
l'*olené* des Grecs & l'*ulna*

des Romains, qui ne défi‑ pieds pouces lig.
gnent que leur coudée, en
tranfportant cette mefure à
une échelle qui fert à fixer
la longueur des ouvrages de
mercerie ; l'étalon de l'aune
merciere a été fixée , en
1554, fous le regne d'Henri
III, & s'il eft vrai qu'elle
doive furpaffer l'aune dra‑
piere d'une ligne & un cin‑
quieme , on peut l'évaluer
à . . . . . 3 7 9 ⅕

AUNE DRAPIERE DE PA‑
RIS 3 7 8

STAIOLE DE L'ITALIE
MODERNE : mefure en ufage
chez les architectes , qui
répond à cinq palmes trois
quarts du palme moderne
d'Italie, & qu'on peut éva‑
luer à peu près à . . . 3 11 5

BRASSE FRANÇAISE, en
ufage fur-tout dans les voya‑

ges maritimes ; c'eſt le pas

	pieds	pouces	lig.
géométrique	5	0	0
BRASSE ANGLAISE . . .	4	8	0

ORGYE, meſure Grecque qui tient le milieu entre notre braſſe & notre toiſe ; on donnait ce nom à l'intervalle de l'homme pris entre les deux extrêmités de ſes doigts majeurs, lorſqu'il étend les bras ; cette meſure, comme nous l'avons déja obſervé, équivaut à la hauteur de la taille ; & ſi l'homme du ſiecle d'Hérodote n'eſt pas différent de celui de nos tems modernes, il faut évaluer l'orgye

| à . . . . . | 5 | 6 | 0 |

TOISE FRANÇAISE, meſure géométrique qui ſemble la baſe de nos meſures itinéraires

| . . . . . | 6 | 0 | 0 |

TRABUC DE MILAN,

	toises	pieds	pouces	lig.
efpece de toife qui a fervi dans l'arpentage du Mila‑nez, & qu'on évalue à . .	0	6	1	4
TRABUC DE PIEMONT	0	5	6	10
ARSZIN DE RUSSIE, répond à-peu-près à notre toife : on peut l'évaluer à	0	5	3	4
CANNE D'EZÉCHIEL, les Commentateurs la ré‑duifent, à quelques frac‑tions de lignes près, à . .	0	8	6	0
PERCHE D'ARARIE : on peut fur des calculs raifonnables, la fixer à .	1	4	10	0
PERCHE D'ANGLE‑TERRE . . .	2	0	10	0
PERCHE DE FRANCE.	3	0	0	0
SAZEN DE RUSSIE, mefure compofée de trois Arfzin, ou de . . .	2	3	10	0

CHAINE, mefure des architectes de l'Italie mo‑derne : elle eft compofée

de dix ſtaioles, & répond
ainſi à . . .

PLETHRE, meſure tranſportée de l'Aſie dans la Grece, & dont on ſe ſervait probablement dans le monde primitif ; les hiſtoriens l'évaluent à 100 pieds, & comme le pied grec n'a qu'onze pouces quatre lignes & demi du nôtre, le plethre ſe réduit à . . .

	toiſes	pieds	pouces	lig.
de dix ſtaioles, & répond ainſi à	63	6	44	$\frac{1}{2}$
le plethre ſe réduit à	15	4	9	6

QUADRES DU NOUVEAU MONDE, meſure eſpagnole qui n'eſt gueres employée qu'au Pérou, & qui encore n'y a qu'une évaluation vague & arbitraire. Le quadre déſigne ordinairement le côté d'un quarré de maiſon & la moyenne proportionnelle entre divers quadres inégaux, eſt de cinquante toiſes 50 0 0 0

STADE PYTHIQUE : le ſtade était la meſure la plus uſitée chez les anciens, & celle ſur laquelle il y a le plus de partage ; tantôt on en compte 8, & tantôt 10 pour le mille. Il faut conſidérer le ſtade comme l'intervalle , depuis les barrieres juſqu'à la borne, dans la carriere conſacrée à la gymnaſtique. Le plus grand que nous connaiſſions eſt celui que Cenſorin nomme Pythique ; il ſervait dans la célébration des jeux d'Apollon à Delphes , & on l'évalue à 125 0 0 0

STADE OLYMPIQUE : Hercule meſura, dit-on, lui-même le ſtade d'Olym-

pie ; & comme fa taille
était fupérieure à celle de
fes contemporains, il en
réfulta un ftade plus grand
que celui des nations qui
mefuraient le leur par le
même nombre de pieds.

	toifes	pieds	pouces	lig.
Le ftade olympique eft de	94	3	0	0

STADE D'ALEXAN-
DRIE : Ariftide le So-
phifte a fixé à 7 ftades la
diftance maritime entre la
partie du rivage , fur laquelle était bâti le rem-
part d'Alexandrie & l'ifle
de Pharos ; cette diftance
était même connue fous
le nom d'*Hepta-ftade*. Si
la retraite de la mer n'a-
vait pas mis à découvert
les plages des deux rives
correfpondantes, on pour-
rait, fur un plan géomé-
trique des environs d'A-

toifes pieds pouces lig.

lexandrie, fait par un artifte moderne, & qui fixe la diftance de l'ifle au rivage à 530 toifes, déterminer le ftade d'Alexandrie à 76 0 0 0

STADE GREC : il réfulte des calculs des aftronomes contemporains d'Ariftote, que le degré terreftre étant de 1111 ftades & un neuvieme, le ftade Grec ne va qu'à environ 51 0 0 0

STADE D'ASSYRIE : Pline en déterminant à 624 ftades la diftance de Babylone à Seleucie, fur le Tigre, diftance qui répond à environ 45 milles, conduit à évaluer ce ftade à 54 0 0 0

STADE EGYPTIEN COMMUN : fuivant les calculs

de M. Danville, se trou-
ve réduit à . . . . .

STADE ÉGYPTIEN MA-
JEUR, évalué, dans un
ouvrage savant (a), à .

STADE DU GOLPHE
PERSIQUE : si la re-
traite de la mer n'était pas
un obstacle à sa détermi-
nation, on pourrait le
fixer comme celui de la
mesure de la terre à . . .

STADE JUDAÏQUE, ou
REZ : si le mille des Hé-
breux est d'un peu plus
de 569 toises, & que ce
mille soit composé de 7
stades & demi, le stade
doit être d'environ . . .

STADE ROMAIN : en
conciliant les Historiens

	toises	pieds	pouces	lig.
de M. Danville, se trouve réduit à	51	2	0	0
STADE ÉGYPTIEN MAJEUR	114	0	10	0
STADE DU GOLPHE PERSIQUE	51	0	0	0
STADE JUDAÏQUE, ou REZ	71	0	0	0

(a) Recherches sur les mesures Grecques,
pag. 41.

de l'antiquité avec la me-   toiſes pieds pouces lig.
ſure actuelle des Cirques,

on le trouve de   .   .   .   75   3   7   2

STADE DE L'ANCIENNE GAULE : M. Danville s'y eſt pris d'une maniere ingénieuſe pour le meſurer (a) ; il eſt parti d'une évaluation de 450 ſtades donnée par Dion Caſſius, pour marquer la diſtance qui ſe trouve entre le port de Boulogne & celui de Douvres ; & ayant conſulté la carte d'un Géographe moderne qui détermine cette diſtance entre 33 & 34 mille toiſes, il en a conclu que la meſure de notre ancien ſtade était de 74 toiſes.

____

(a) *Traité des meſures itinéraires*, édit. de 1769, p. 74.

Malheureufement ce cal-
cul n'eſt point exaƈt,
parce que la mer s'eſt re-
tirée des côtes de France
& de celles de l'Angle-
terre, depuis le fiecle de
Dion Caſſius. Cependant
comme l'évaluation de
M. Danville peut s'adap-
ter, à quelques différen-
ces près, aux ſtades en
uſage dans le reſte des
Gaules, on peut compter
avec lui 74 0 0 0

Lɪ, meſure itinéraire
Chinoiſe, qui a occaſion-
né de grandes querelles
entre les ſavans de Paris
& les miſſionnaires de
Pekin. Il y a eu beau-
coup de variation dans la
détermination de ce li;
mais ſuivant une loi de
Canghi, donnée le fiecle

toiſes pieds. pouces lig.

dernier, il eſt fixé à 1800 toiſes pieds pouces lig.
pieds , dont chacun eſt
de 11 pouces 10 lignes &
4 dixiemes de notre pied
de Paris; ce qui répond à   296   4   0   0

Mille ancien des Romains : M. Danville eſt le Géographe qui a jetté le plus de lumieres ſur l'évaluation de cette meſure ; & il faut adop-ter excluſivement le ré-ſultat de ſes recherches.

Photius & l'Auteur de l'Abrégé du periple du Pont-Euxin, font le mille de ſept ſtades & demi.

D'un autre côté , un paſſage de Strabon ſur la largeur de 40 ſtades don-née à l'iſthme de Co-rinthe, combiné avec un texte de Pline qui fixe la même diſtance à cinq

milles, conduit à croire ^{toifes pieds pouces lig.}
que le mille était formé
de 8 ftades.

D'autres paffages d'an-
ciens hiftoriens réduifent
le mille à 7 ftades, & il
y en a qui l'étendent jufqu'à dix.

Pour augmenter les
nuages fur ce problême,
ceux qui ont tenté de
fixer la circonférence de
la terre ont varié dans le
nombre des milles qui
doivent compofer un dé-
gré. Les uns ont décidé
que 75 milles Romains
fuffifaient pour remplir
cet efpace ; d'autres l'ont
étendu à 86, & l'opinion
la plus générale eft qu'il
en faut 90.

Après avoir fatisfait à
toutes les objections,

M. Danville détermine le toifes pieds pouces lig.
mille Romain à 756 0 0 0

MILLE MODERNE DES
ROMAINS : fuivant le cal-
cul de leurs architectes,
réduit à notre mefure, il
s'évalue à 764 1 6 6

MILLE ARMÉNIEN ou
ASPAREZE : c'eft très-mal
à propos qu'on lui a don-
né le nom de ftade dans
des manufcrits orientaux ;
car c'eft évidemment le
mille Romain introduit
par les Généraux de la
république en Arménie ;
il n'en differe même que
de huit pieds : on l'éva-
lue à 754 4 0 0

MILLE JUDAÏQUE :
Moyfe a voulu que les li-
mites du territoire des
villes Lévitiques fuffent
évaluées fur un mille de

2000 coudées; ce qui répond à . . . . 569 3 0 0 toifes pieds pouces lig.

MILLE ANCIEN DE L'INDE : Strabon dit que fous les fuccefleurs d'A-lexandre, les magiftrats chargés de la police des grands chemins dans l'In-de, faifaient élever, de dix ftades en dix ftades, des pierres milliaires : cette mefure itinéraire s'évalue à environ 500 0 0 0

MILLE DE RUSSIE ou WERST : les Rufles tien-nent des Grecs leur culte, une partie de leur langue & leurs mefures itiné-raires. Le werft a été for-mé fur le mille de fept ftades, dont 86 compo-fent le degré; mais de-puis les derniers régle-mens des Czars, ce werft

a été diminué; il en faut toifes pieds pouces.
maintenant un peu plus
de 104 au degré, & on
l'évalue à 547 0 0

MILLE D'ITALIE de
60 au dégré ou . . . 958 0 0

MILLE LOMBARD : il
en faut environ 67 au
dégré; & on le fixe à . . 848 4 6

MILLE VÉNITIEN :
c'est le plus grand de l'I-
talie moderne : on l'éva-
lue à 992 0 0

MILLE DE PIÉMONT : il
est composé de 551 tra-
bucs qui équivalent à . . 864 0 0

MILLE ESPAGNOL ou
MIGERIE , qui paraît le
même mot corrompu . . 715 4 0

MILLE D'ANGLETER-
RE : il a été fixé par un
réglement d'Henri VII;
M. Danville, qui l'a mieux
connu que les Anglais

eux-mêmes, qui ont compilé   toiſes.
l'hiſtoire univerſelle (*a*), l'évalue à quelques fractions de lignes près à 826

MILLE D'ECOSSE, évalué à 1147

MILLE D'IRLANDE, répond
à 1052

MILLE DE FRANCE : bé-
niſſons la mémoire de M. de
Trudaine , qui a fait établir
dans la plus grande partie de la
France des colonnes milliaires
de 6000 pieds en 6000 pieds ;
ce qui, peu-à-peu, réformera
l'inégalité des lieues de nos
provinces ; le mille , ſuivant
cette évaluation, eſt de . . 1000

PARASANGE ANCIENNE DE
LA PERSE, meſure itinéraire
qui renfermait, ſuivant les uns,
21 ſtades , ſuivant d'autres,

(*a*) Voyez *Traité des Meſures itinéraires* ,
page 125.

coiles.

30. La derniere évaluation semble la plus raisonnable ; la parasange alors se compare à 3 milles Romains ; & il en résulte 2268

PARASANGE MODERNE DE LA PERSE : elle est beaucoup plus forte que l'ancienne ; Olearius la compare à 5 werst ou milles de Russie ; & il n'en faudrait que 17 au dégré, au lieu de 25. Cette évaluation donne à cette nouvelle parasange environ 2735

PARASANGE TURQUE, ou AGASH : on l'estime quatre milles Grecs, ou wersts de Russie ; mais sur l'évaluation des routes des caravanes, on la réduirait à trois milles. En prenant la moyenne proportionnelle, le calcul conduit à environ 1914

SCHENE COMMUN DE L'E-

GYPTE : Pline le compare à
32 ſtades ; ce qui répond à
quatre milles Romains , &
peut s'évaluer à . . . 3024

SCHENE MAJEUR DE L'E-
GYPTE, peu en uſage ; il eſt
preſque le double de l'autre.
On le croit de . . . 5136

LIEUE DE L'ANCIENNE
GAULE : Jornandez la définit
l'étendue de 1500 pas ; &
nous l'évaluons à . . 1134

LIEUE DE LA GAULE DE-
VENUE FRANÇAISE : au neu-
vieme ſiecle, cette lieue primitive de la Gaule avait prodigieuſement changé, puiſqu'on trouve des hiſtoriens qui
en étendent l'énorme diſtance
juſqu'à 9000

LIEUE LÉGALE DES FRAN-
ÇAIS : elle eſt compoſée de
3000 pas géométriques , éva-

lués chacun à 5 pieds, & il en
réfulte 2500   *toifes.*

Lieue des Ingénieurs :
nos ingénieurs, fur une méthode arbitraire qui n'a point
d'élémens, compofent la lieue
des cartes géographiques de 2400

Lieue vulgaire de la
France 2000

Lieue astronomique de
la France : j'appelle ainfi
celle qui, répétée 25 fois,
donne avec précifion la mefure du dégré terreftre. Or,
s'il eft vrai que ce dégré foit
de 57072 toifes, la lieue qui
en réfulte eft de 2283

Lieue commune en ufage
dans plufieurs provinces . . 3000

Lieue de l'ancienne
Germanie, ou raste : elle
équivaut à deux lieues de l'ancienne Gaule : ainfi elle forme 2217

toises.

LIEUE DE LA GERMANIE DU MOYEN AGE : c'eſt le raſte plus que doublé : on l'évalue à 4536

LIEUE SAXONNE : elle ſe rapproche de celle de la Germanie du moyen âge ; & on peut l'évaluer à environ . . 4550

LIEUE DE BOHÊME : elle date du treizieme ſiecle & répond à 3545

LIEUE DE SILÉSIE, définie avec préciſion par les géographes 3324

LIEUE RHINLANDIQUE, formée ſur la meſure du pied du Rhin : elle eſt en uſage en Hollande & dans la Flandre : on peut l'évaluer, d'après les meſures de Picard, à quelques pieds près, à . . . 3865

LIEUE DE DANNEMARK : il en entre quatorze & demi dans le dégré : elle eſt donc de 3930

LIEUE DU COROMANDEL, toiſes.

OU NARI 900

LIEUE D'AMÉRIQUE : elle varie ſuivant les peuples qui y dominent. Les opérations tri-gonométriques, faites au Pérou pour la meſure terreſtre d'un arc du méridien, rendent la lieue Eſpagnole du nouveau monde conforme à la nôtre, c'eſt-à-dire, de . . . 2500

GIAM DES ARABES : Pietro della Valle a connu cette me-ſure dans ſa navigation ſur le golfe Perſique, & il l'évalue à trois paraſanges ; ce qui forme 8205

GAU DE L'INDE, comprend quatre coſſ ou lieues du pays, c'eſt-à-dire . . . 5340

CODAM DU COROMANDEL a ſept naris & demi, c'eſt-à-dire, 6750

CODAM DU MALABAR, ren-ferme ſept nalis & demi, ou 9000

HIAM DES TARTARES : il

équivaut à une journée de chemin, & on peut l'évaluer à-peu-près à . . . . . 9000 toises.

Dégré de la terre au siecle d'Aristote depuis qu'il y a des aftronomes, on a cherché à mefurer ce dégré, pour parvenir à la connoiffance exacte de la terre ; mais tous les travaux des anciens ont été infructueux, jufqu'à Newton , qui a deviné la mefure précife du fpheroïde que nous habitons , & jufqu'aux la Condamine & aux Maupertuis, dont les voyages favans l'ont démontrée.

Ariftote dit que les Mathématiciens de fon tems , qui ont effayé de mefurer la circonférence du globe , l'ont trouvée de 400000 ftades; or ce nombre divifé en 360 , fournit pour chaque dégré ter-

reſtre 1111 ſtades & un neuvieme, ou 56661   *toiſes.*

DÉGRÉ DE LA TERRE SUI-
VANT ERATOSTHENE : ſes calculs conduiſaient à lui donner
ſeulement 700 ſtades, au lieu de
1111 : il eſt vrai que tout concourt à faire croire qu'il s'a-
giſſait du ſtade Alexandrin :
alors ce dégré ſerait de . . 53200

DÉGRÉ DE LA TERRE SUI-
VANT POSIDONIUS : les calculs de ce philoſophe ont été
adoptés par Marin de Tyr & par
Ptolomée : cependant il ne faiſait ſon dégré que de 500 ſtades;
ce qui conduit à une détemina-
tion abſurde , ſi on ſe ſert du ſtade Grec ordinaire , ou du ſtade
Grec Alexandrin. Un ſavant a
cru réſoudre le problême , en
adoptant le ſtade Egyptien

majeur (*a*) ; & en effet, fi
cette hypothefe eft fondée, le
dégré de Poffidonius va à . .

toifes.

57067

DÉGRÉ DE LA TERRE SUI-
VANT LES ARABES : fa mefure
fut faite par les ordres du Calife Almamoun dans les plaines de la Méfopotamie : on
l'évalue à , . . .

47188

DÉGRÉ DE LA TERRE SUI-
VANT PICARD : Louis XIV
le chargea de le mefurer ; &
il le trouva de . .

57060

DÉGRÉ DE LA TERRE AU-
TOUR DE PARIS, fuivant les
dernieres opérations aftronomiques . . . .

57072

DÉGRÉ DE LA TERRE A L'É-
QUATEUR, fixé par la Con-
damine à . . . .

56750

(*a*) *Recherches fur les mefures Grecques*, par
M. le Roy.

toifes.

DÉGRÉ DE LA TERRE AU CERCLE POLAIRE, fixé par Maupertuis (a) à . . . 57438

DÉGRÉ DE LA TERRE AU CAP DE BONNE-ESPÉRANCE, mefuré par M. de la Caille 57037

DÉGRÉ DE LA TERRE EN-TRE ROME ET RIMINI, mefuré par le P. Bofchovich . 56979

DÉGRÉ DE LA TERRE EN AUTRICHE, mefuré par le P. Liefganig . . . 57086

DÉGRÉ DE LA TERRE EN HONGRIE, mefuré par le même Aftronome . . 56881

DÉGRÉ DE LA TERRE EN PIÉMONT, mefuré par le P. Beccaria . . . 57069

(a) Les différences entre les calculs ne ce géo-metre, & ceux de fes coopérateurs, de font pas affez confidérables pour nous y arrêter.

Dégré de la terre en   toifes.
Pensylvanie, mesuré par
MM. Mason & Dixon . . . 56888.

DES MESURES
DE SUPERFICIE.

Arpent commun de France évalué à 30 toises quarrées, ou à . .   *toises de superficie.*   900

Arpent des Eaux et Forêts, étant d'un $\frac{111}{336}$ plus fort que l'arpent commun, est évalué à . . $1344\frac{4}{9}$

Arura Egyptien : c'était probablement l'arpent du pays ; on l'évaluait à cent coudées quarrées du Nilometre qui répondent, à quelques lignes près, à nos 30 toises quarrées, c'est-à-dire, à . . .   900

Arura Grec : il ne faut pas le confondre avec l'Egyptien. Le Grec était la moitié du Plethron ; les uns l'évaluent à 120 toises

quarrées, d'autres à 833. toifes de fuperficie.
L'arura dans le premier
calcul donne . .{ 14400
& dans le fecond . .{ 693889

JUGERUM ROMAIN : c'eft
l'arpent ; il répond à peu-
près à 33 toifes quarrées,
ou à 1089

LIEUE QUARRÉE DE
FRANCE. — On trouvera
toutes les lieues quarrées
en multipliant le nombre
des toifes qu'elles produi-
fent par lui-même ; ainfi
à prendre pour exemple la
lieue Françaife légale, qui
eft de 2500 toifes, elle
donne . . 6250000

MILLE QUARRÉ DE
FRANCE. La regle pour le
mille quarré eft la même
que pour la lieue, ainfi
notre mille donne . 1000000

PERCHE QUARRÉE DE

FRANCE renferme trois toises de superficie.
toises quarrées, ou . 9

PLETHRON, mesure
Grecque de superficie valant
suivant quelques auteurs,
environ 240 toises quarées,
& suivant d'autres, près de
1666; le premier calcul
donnerait donc . . { 57600
& le second . . { 2775556

TOISE FRANÇAISE
QUARRÉE . . . 6

TABLE
DES MESURES
ANCIENNES
DE CAPACITÉ (a).

ACETABULE, petit vaſe romain, ou l'on mettoit du vinaigre, & qui ſervait aux tours d'adreſſe des joueurs de gobelets:

(*a*) Il n'y a rien que de très-arbitraire dans l'évaluation des meſures anciennes de capacité : ce qu'on lit de plus ſatisfaiſant ſur ce ſujet ſe trouve dans le *Lexicon* de Samuel Pitiſcus, & dans une diſſertation de la Barre inſérée dans les *Mémoires de l'Académie des Inſcriptions* : pour ne cauſer ni erreurs à ceux qui nous liſent, ni querelles à ceux qui nous jugent, nous ne ferons preſque point de parallele avec nos meſures de capacité. Au reſte, cette table eſt en elle-même de peu d'importance.

on croit que le vafe contenait le quart de l'*hemine*, & l'hemine revient à peu-près à notre demi-feptier (*a*).

AMPHORE DU CAPITOLE, vaiffeau à deux anfes, dont on confervait l'étalon au capitole ; il fervait à renfermer les fluides & les grains : dans le premier cas il équi-valait, fuivant Pitifcus, à la huitieme partie de notre muid : dans le fecond, il équivalait à trois boiffeaux.

AMPHORE GRECQUE, vafe fervant, comme à Rome, à renfermer les fluides & les grains, mais il avait un quart de moins de capacité.

CADUS HÉBREU, mefure qu'on croit

(*a*) On fait fans doute que notre pinte de Paris contient deux livres de feize onces, ou trente-deux onces d'eau froide, au terme de la congélation, que la chopine contient feize onces, le demi-feptier, huit onces, & le poinçon quatre.

Perfonne n'ignore encore que notre muid de grains, mefure de Paris, contient douze feptiers ; le feptier, deux mines ou quatre minots, ou douze boiffeaux, & le boiffeau feize litrons.

répondre à quatre (moins un quart) de boisseaux.

CADUS ATTIQUE, équivant à soixante-douze septiers.

CADUS ROMAIN, nom de l'*amphore* du Capitole.

CHÊME, mesure Attique : il en fallait deux & demie pour le *conge*.

CHENICE, vase grec qui répondait à quatre mesures diverses : il y avait un premier chenice qui contenait trois *cotyles*, ou le huitieme d'un boisseau romain : un second quatre : un troisieme six, & un quatrieme huit; ce dernier chenice était naturalisé à Rome.

CHUS, ou CHOCUS, mesure grecque qu'on croit la douzieme partie du *metrete*, qui équivaut, suivant Pitiscus, à quarante pintes.

CONGE ATTIQUE, mesure qui contient, suivant Galien, deux chenices : voyez *chenice*.

CONGE ROMAIN, mesure contenant dix

livres d'eau, poids romain, ou environ cinq de nos pintes.

COTYLE GREC, mesure qui répondait à la vingt-quatrieme partie du boisseau romain.

COTYLE ROMAIN, on croit qu'il répond à notre demi-septier.

CULEUS, c'était, suivant Fannius, la plus forte des mesures romaines pour les fluides ; elle contenait 540 pintes, ou environ deux de nos muids. Le *culeus*, suivant quelques calculateurs, tiendrait 25767 pouces cubiques & quelques lignes.

CYATHE GRECQUE, la *chenice* en renfermait six, suivant Fannius : voy. *chenice*.

CYATHE ROMAINE, vase renfermant autant de vin qu'on pouvait en boire d'un seul trait ; cette mesure équivaut à la douzieme partie d'un septier : il y avait à Rome des coupes qui tenaient deux cyathes.

DOLIUM, c'est le tonneau des Romains : mais il ne présente aucune mesure déterminée.

HEMINE, mesure Romaine, qui revient à-peu-près à notre demi-septier.

KOLIARION, mesure attique, qui équivaut à la soixantieme partie du *cotyle*. Le cotyle est lui-même la vingt‑quatrieme partie du boisseau romain.

LIGULE, petite mesure romaine pour les fluides & pour les grains, faisant le sixieme de l'acetabule : voyez *acetabule*.

MEDIMNE ATTIQUE, mesure répondant à vingt-quatre *chenices* de ceux qui renferment trois *cotyles*.

MEDIMNE ROMAIN, équivalant à six boisseaux de Rome, ou à quarante pintes de Paris.

METRETE, mesure grecque, équivalant, suivant Pitiscus, à quarante pintes. Par les calculs du docteur Arthbunot, la metrete renfermerait 1857 de nos pouces cubiques.

MODIUS, boisseau des Romains, pour mettre du grain , ou le tiers d'une *amphore* ; on en donnait quatre par mois à un esclave.

MYSTRON, mesure Attique, le quart du *cyathe*, suivant Pitiscus, & par conséquent la vingt-quatrieme partie du demi-septier.

OXYBAPHON, mesure d'Athènes, équivalant à trois de ses *conges*.

QUADRANTAL, nom de *l'amphore* des Romains.

QUARTAIRE, ou quart, mesure romaine répondant au quart du septier.

SEMIMODIUS, demi-boisseau des Romains.

SEXTAIRE, septier des Romains qui faifait la sixieme partie de leur *conge*, ou une chopine & demi-poisson mesure de Paris.

URNE, c'était la demi-amphore des Romains.

XESTES, mesure Attique pour les fluides & les grains, répondant à vingt-quatre *conges*.

DES POIDS

EN USAGE

DANS L'ANTIQUITÉ (a).

ON ne peut douter qu'en se rapprochant du berceau du monde, on ne retrouve les mêmes poids employés dans

---

(a) Elle est composée sur l'ouvrage de Priscien *de nom. & mens. pond.* sur le livre de Budée qui a pour titre *de Asse*, sur un traité d'Eisen-Schmid publié en 1708, concernant *les poids & les mesures des anciens*, & sur une dissertation très-savante & très-ingénieuse de la Barre qu'on lit au commencement du tome 12 de la petite édition des *mémoires de l'académie des belles-lettres*; l'ouvrage qui nous a été le plus utile à cause de la justesse & de la précision des calculs, est *l'essai sur le rapport des poids étrangers avec le marc de France*, par M. Tillet, de l'académie des sciences, édition de l'Imprimerie Royale de 1769.

toutes les Colonies de la Métropole du genre humain : tous les peuples étaient liés entr'eux par le commerce ; & l'intérêt général demandait qu'il n'y eût parmi eux qu'un moyen uniforme de régler leurs échanges.

Les faits viennent ici à l'appui de la théorie ; on a prouvé que la livre ancienne des Gaulois était égale à celle des Romains : ces derniers, maîtres d'un tiers du globe, introduisirent par-tout leurs poids qu'ils tenaient des Grecs, que ceux-ci avaient reçus des Phéniciens, & qui avaient été transmis sans doute à ces derniers par les Atlantes.

Cependant, il faut l'avouer, cette uniformité dans les poids des nations, ne s'est pas conservé dans toute son intégrité ; tantôt les matieres dont ils étaient formés éprouverent des altérations : tantôt les artistes chargés de ce travail ne furent pas assez physiciens pour y apporter toute la précision nécessaire : quelquefois des motifs d'intérêt de la part des individus les firent affaiblir au point de les rendre infideles : quelquefois la rivalité des nations mit une forte de patriotifme à altérer des poids uniformes pour n'avoir rien de commun avec des puiffances à qui on avait juré une guerre éternelle.

Cependant l'intérêt général du commerce engagea de tems en tems les Souverains à faire faire des modeles autentiques des poids, pour prévenir les erreurs de l'ignorance & les fraudes de la cupidité ; voilà l'origine des étalons; il eft vrai que comme chaque état, & quelquefois chaque province de ces états avaient confervé le poids imparfait qu'ils avaient adopté, les étalons, au lieu de ramener au poids primitif, ne fervirent qu'à en confacrer les différences.

On fut obligé alors, dans les gouvernemens éclairés, de s'inftruire à fond de toutes ces variations des étalons, & d'en établir les rapports avec précifion, pour en faire la bafe des connaiffances du commerce.

On trouvera dans cet ouvrage un tableau du rapport exact des poids que chaque nation de l'Europe moderne a adoptés, tableau qui a pour bafe les étalons les plus autentiques, & qu'on a fait fur les mémoires de l'homme d'état le plus éclairé fur ces matieres (a) ; mais notre objet en ce moment étant particuliérement l'évaluation des poids anciens mis en parallele avec les nôtres, cette queftion eft la feule qui va nous occuper.

L'évaluation des poids anciens, comparés aux nôtres, roule prefque toute fur l'idée qu'on attache à la livre romaine; & cette matière, difcutée dans l'Europe favante pendant 200 ans, eft aujourd'hui à peine éclaircie.

Budée induifit, un des premiers, en erreur les modernes fur ces évaluations ; comme les deniers qu'il avoit pefés dans le cabinet des médailles fe trouvaient, pour la plupart, du poids d'un gros, il

____

(a) Voyez le premier cahier des gravures.

en conclut que la livre Romaine pesait cent deniers, ou drachmes, & qu'elle était égale à douze onces & demie de la livre de Paris ; mais on reconnut bientôt le principe de l'erreur ; les deniers pesés par le dissertateur, usés par le frotement de tant de siecles, avaient nécessairement perdu de leur poids ; de plus, il n'avait pas distingué les deniers des Triumvirs & des empereurs, des deniers consulaires, quoique leur poids ne fût pas le même ; ainsi le systême de Budée ne soutint pas l'examen, & il fut rejetté.

Agricola vint ensuite ; il prouva, par une foule d'autorités, que la livre romaine devait répondre à quatre-vingt-seize deniers ou drachmes, & son opinion devint, pendant cent ans, celle de l'Europe.

Eisen-Schmid s'éleva, en 1708, contre Budée & contre Agricola ; il cita Pline, Celse & Galien pour prouver que la livre Romaine ne devait peser que quatre-vingt-quatre deniers, ou drachmes, & on le crut jusqu'à ce qu'un nouveau systéme fit oublier le sien.

De nos jours, l'ingénieux la Barre, dans un mémoire d'académie, a rectifié l'opinion d'Agricola, oubliée depuis long-tems. C'est-là qu'il a prouvé qu'il ne fallait pas confondre, comme on l'avait fait jusqu'à lui, la livre mesure, avec la livre poids; quant à ce qu'il ajoute, que la livre Romaine était de 96 deniers ou de douze onces : quelque spécieux que soient ses raisonnemens, ils ne tiennent pas contre des expériences authentiques, faites il y a dix ans par ordre du gouvernement, & qui doivent être la base de nos calculs & de nos tables.

Voici comment s'exprime, au sujet de ces expériences, le citoyen éclairé, que le Ministre avait chargé d'y présider (a) : nous savions que les Auteurs
>> qui ont parlé de la livre Romaine n'é-
>> taient point d'accord entr'eux sur sa
>> véritable pesanteur, relativement à

____

(a) Voyez *Essai sur le rapport des poids étrangers avec le marc de France*, pag. 15.

» celle de la livre de France ; le rapport
» de 24 à 35 qu'on venait de nous en-
»' voyer de Rome ; ne tendait encore qu'à
» multiplier nos incertitudes ; nous
» priâmes alors l'Ambassadeur d'envoyer
» au Ministre cette livre en nature,
» après l'avoir vérifiée sur l'étalon. Nous
» l'avons obtenue enfin, avec l'assurance
» *qu'elle a été confrontée dans la plus*
» *grande exactitude avec l'étalon qui est*
» *en dépôt à la douanne de Rome ;* de
» ce moment, le problême nous a paru
» résolu ; la balance a fixé tout d'un
» coup ce qui avait été laissé indécis jus-
» qu'à ce jour, après beaucoup de dif-
» cussions, & les plus profondes re-
» cherches ; il est évident, par nos ex-
» périences, que la livre Romaine ap-
» proche beaucoup du rapport de 25 à
» 36 à l'égard de la livre de France ».

Cette livre célebre (& j'analyse encore
ici le même ouvrage) est composée de
douze onces, chaque once de vingt-quatre
deniers, & chaque denier de vingt-quatre

grains ; elle répond à un peu moins de douze de nos onces ; & pour parler avec la derniere précifion, quand on la compare avec notre poids de marc, elle équivaut à un marc trois onces, un demi-gros & quatorze grains (*a*).

(*a*) Pour éviter la confufion que peuvent faire naître les mêmes mots pris en différentes acceptions par les anciens & par nous, il ne faut pas perdre de vue que notre maniere de divifer la livre ne remonte pas à des fiecles bien reculés ; mais nous avons été obligés de l'adopter pour nous faire entendre : ainfi notre livre divifée en douze marcs, eft de feize onces, notre once de huit gros, notre gros de trois deniers, & notre denier de vingt-quatre grains. Notre table, pour fe rapprocher des méthodes ordinaires, ne défignera que les divifions de la livre Françaife en onces, en gros & en grains : alors la livre eft de feize onces, l'once de huit gros, & le gros de foixante & douze grains.

Obfervons que l'évaluation de la livre Romaine ainfi fixée à un marc de notre poids Français, trois onces, un demi-gros, & quatorze grains, répond, fuivant la maniere de calculer employée dans notre table, à onze onces & cinquante

TABLE
DES POIDS
EN USAGE
DANS L'ANTIQUITÉ.

As, mot synonime de livre chez les Romains ; originairement c'était une masse de cuivre du poids réel d'une livre qui n'avait point d'empreinte, & qui servoit de monnoie sous Numa. Servius-Tullius, le sixieme roi de Rome, fit tailler l'as un

grains ; mais dans les sou-divisions de cette livre, pour éviter un tableau fatiguant de fractions minutieuses, nous supposerons qu'elle est d'onze onces quarante-huit grains, négligeant ces deux grains, qui ne font que la trois mille cent soixante-huitieme partie de la livre, & qui ne peuvent entraîner aucune erreur de conséquence.

peu moins groffiérement , & y ajouta l'empreinte d'un bœuf ; à la premiere guerre punique, les befoins de la république devinrent fi grands que l'as de douze onces fut réduit à deux, quoiqu'on lui confervât la même valeur ; pendant les conquêtes d'Annibal on fit une nouvelle réduction, & l'as fe trouva d'une once ; ces as d'une once avoient pour empreinte, d'un côté la double tête de Janus, & de l'autre la proue d'un vaiffeau ; il eft donc bien néceffaire de diftinguer, chez les anciens, le grand as, pefant une livre de douze onces , du petit as qui a fubi un grand nombre de variations. L'as de douze onces Romaines répond

	onces	gros	grains
à	11	0	50

BESSIS, ou BES, les deux tiers de la livre romaine, ou huit onces, c'eft-à-dire . .   7   3   8

CHALCOS, petite monnoie de cuivre en ufage chez les Grecs, que Diodore & Suidas ont cru pefer la fep-

onces gros grains

tieme partie de l'obole ; ce
qui eſt difficile à croire , à
cauſe de ſon extrême lége-
reté ; car l'obole ne peſant
que 14 grains , il s'enſui-
vrait que le Chalcos n'en
péſerait que   0   0   2⅔

DENIER, il eſt inférieur
à la drachme de huit grains,
quoique les anciens les con-
fondent. Le judicieux la
Barre a évalué le denier à .   0   1   3

DEUNX, onze onces dans
la manière de compter des
Romains , ainſi 10   1   20

DEXTANS, dix onces de
la livre Romaine , ou . .   9   1   64

DODRANS, les trois quarts
de la livre Romaine , c'eſt-à-
dire   8   2   36

DRACHME, ce poids d'A-
thenes répond au denier Romain , mais la drachme eſt
plus forte de huit grains, car

elle répond à quatre-vingt-trois grains, ou à . . onces gros grains 0 1 11

Duella, le tiers de l'once Romaine, ou . . . . 0 2 $33\frac{1}{3}$

Lepta, poids & monnoie Grecque qu'on croit la hui-tieme partie du Chalcos : ce qui eſt impoſſible ; car les Grecs ne connaiſſaient point de diviſion au - deſſous du grain ; & le Lepta ne péſerait gueres plus de . . . . . 0 0 $0\frac{1}{4}$

Libra, ou livre, il faut bien diſtinguer la livre poids des Romains de leur livre meſure : on croit le rapport entr'elles de dix à douze ; ainſi douze onces de meſure ne ré-pondent chez eux qu'à dix on-ces de poids, & les 80 livres de vin de leur quadran-tal n'en péſaient que ſoixante-ſix & huit onces. La livre Ro-maine, ſuivant les expériences les plus exactes faites de nos onces gros grains jours, sur les étalons les plus authentiques, est plus faible que la nôtre de quatre onces, sept gros & 22 grains; car les douze onces de cette livre ancienne ne répondent qu'à onze onces cinquante grains de la nôtre, qui est compo-sée de deux marcs, ou de 16 onces; ainsi elle équivaut, comme nous l'avons déja ob-servé, à 11   0   50

MINE, il y avait une mine Attique commune, différente de celle dont on faisait usage dans la médecine; la derniere était plus forte environ d'un onzieme. Il est en général assez difficile d'évaluer la mine commune, parce que son poids varie suivant les différens titres; la mine qui fait partie du talent d'Egypte n'est pas la

même que celle qui fait partie once gros grains
du talent d'Antioche. La mine
Attique, la plus connue, est
celle qui répond au talent
Attique, elle en fait la soixantieme partie, & on l'évalue
à 8400 grains, ou à 14   4 48

OBOLE, piece de monnoie
que les anciens mettaient dans
la bouche de leurs morts,
pour payer à Charon son droit
de passage ; c'était aussi un
poids qui répondait à la sixieme partie de la drachme, ou
à peu-près à 0   0 14

ONCE ; la douzieme partie
de la livre Romaine ; elle est
plus faible que la nôtre, &
ne pese que 0   7 28

PONDO, ce mot qui dési-
gnait en général tous les poids
chez les Romains, servait particuliérement de synonime à
la livre, ainsi 11   0 50

onces gros grains

QUADRANS, le quart de la livre Romaine, ou. .   .   2 6 12

QUINCUNX, répond à cinq onces de la livre Romaine, ou à 4 4 68

SEMIS, la moitié de la livre Romaine, ou . . .   5 4 25

SEPTUNX, sept onces de la livre Romaine, ou . . .   6 3 52

SEXTANS, la sixieme partie de la livre Romaine, ou . .   1 6 56

SEXTULE, la sixieme partie de l'once, ou .   .   .   0 1 16¼

SICILIQUE, le quart de l'once Romaine, ou environ.   0 1 61

TALENT, il y en avait plusieurs chez les Grecs : ils servaient à-la-fois de monnoie & de poids ; celui d'Alexandrie était le plus fort, puisqu'on l'évaluait à 125 liv.; le talent d'Egine était de 120 : le vrai talent, le talent Attique, adopté

par les Romains, n'en pesait
que soixante - dix. On a
remarqué que quand la
république força Antio-
chus, après sa défaite, à
lui payer un tribut, elle
exige a que le talent imposé
pesât quatre-vingt livres;
mais il est probable, dit le
savant la Barre, que
comme les Romains ne
prenaient les monnaies
étrangeres que pour les
fondre, ils exigerent un
huitieme pour s'indemniser
des frais & des pertes: le
talent Attique de soixante-
dix livres répond à . . . .

TRIENS, le tiers de la
livre Romaine, ou quatre
onces. . . . . .

TRIUNCIS, synonime de
quadrans, ou . . . .

	liv.	onces	gros	grain
talent Attique	66	0	0	44
Triens	0	3	5	40
Triuncis	0	2	6	12

DES

MONNAIES.

La monnaie est le signe représentatif des objets de commerce.

Comme l'altération de la monnaie serait très-facile à cause du succès avec lequel les métaux précieux s'allient avec les métaux inférieurs, le souverain, pour inspirer de la

____

(a) Les principaux ouvrages consultés sur cette matiere longuement discutée pendant deux siecles, sont un *essai sur les monnaies*, de M. Dupré de S. Maur, imprimé en 1746, & qui n'est, dans sa théorie, que l'analyse d'un livre de Locke sur la même matiere : un *recueil des monnaies*, par M. de Salzade, qui a paru en 1767, un *essai* sur le même sujet par M. Macé de Richebourg & deux Dissertations très-savantes de M. Dupuy qu'on trouve dans le tome 49 de l'édition *in-12.* des *mémoires de l'académie des belles - lettres*, mais dont on a fait peu d'usage, par ce qu'elles ne regardent que la monnaie sous Constantin & sous Charlemagne.

confiance à ſon peuple, met ſon empreinte
ſur chaque piece : cette empreinte avertit
non du titre, mais de la valeur.

Originairement, chez tous les peuples
qui commencerent à ſe civiliſer, la valeur
numéraire était égale à celle du poids; ainſi
une livre en monnaie était réellement une
livre de métal, du poids d'une livre; mais
le prix des métaux ayant changé, on a
conſervé la même dénomination, en diminuant le poids.

Les pieces de monnaie ont donc une
valeur réelle, & une valeur numéraire.

La valeur réelle eſt celle du métal pur
qui reſte, quand on lui ôte ſon alliage.

La valeur numéraire eſt celle qu'il plaît
au ſouverain de fixer à chaque piece, pour
ſon droit de fabrique & d'empreinte.

La facilité ou le défaut de circulation,
la quantité inégale de matiere d'or & d'argent, que des événemens particuliers in-
troduiſent dans un état, produiſent beaucoup de variation dans les monnaies; par
exemple, depuis la décoùverte du nou-

veau monde, il y a dix fois plus d'argent en Europe qu'il n'y en avait auparavant : & il vaut auffi neuf dixiemes de moins ; c'eft-à-dire , qu'il faut donner dix fois plus d'argent qu'on n'en donnait, il y a deux fiécles, pour acheter la même quantité de marchandife.

On appelle *Marc* ce qui fert à mefurer le poids de l'or, de l'argent ou du cuivre des monnaies ; le marc comprend huit onces : on croît que le marc eft la mefure matrice dont fe font fervi fucceffivement les Grecs, les Romains & les Orientaux (a) : c'eft d'eux que la tient l'Europe moderne.

On appelle *titre* la mefure qui détermine la valeur réelle de la monnaie, ou la quantité d'alliage qui entre dans fa compofition ; le titre ne fe connaît que par l'effai.

On croit qu'il y avait autrefois un poids réel nommé karat , qui pefait la

____

(a) *Effai fur les monnaies* , pag. 109.

vingt-quatrieme partie du marc ; aujour-
d'hui c'eſt une dénomination fictive qui
déſigne le titre de l'or. On dit de l'or
le plus pur, qu'il eſt à vingt-quatre karats.

Le karat n'admet en France qu'une ſou-
diviſion, ce ſont des trente-deuxiemes.

Le titre de l'argent ſe diviſe de ſon
côté en douze deniers : on dit de l'argent, qu'on ſuppoſe ſans alliage, qu'il
eſt à douze deniers de fin (a).

Le denier de fin ſe ſoudiviſe en vingt-
quatre grains de fin.

Le prix du marc, ſoit d'or ſoit d'argent, a ſinguliérement varié en France
depuis Charlemagne juſqu'à nous. A ne
parler ici que du marc d'argent, le ſeul
qui nous ſervira pour l'évaluation des
anciennes monnaies, ce marc, ſous cet

(a) Obſervons qu'il ne faut pas prendre ces dé-
finitions dans toute la rigueur philoſophique ; car
on ne peut guere affiner l'or que juſqu'à 23
karats ſept huitiemes ; & l'argent, juſqu'à onze
deniers dix-huit grains.

empereur, étoit fixé à quinze fols : ce prix a toujours été fucceffivement en augmentant jufqu'en 1715, que le même marc de quinze fols fut eftimé cent vingt livres : cinq ans après il ne fut plus que de quarante-neuf livres feize fols, & il eft évident que ce n'eft pas la derniere variation qu'il pourra fubir.

D'après cette théorie, on voit la difficulté d'évaluer les anciennes monnaies, & fur-tout de les évaluer de maniere à ne caufer aucune erreur dans la fuite des âges, aux perfonnes qui voudront lire avec fruit l'hiftoire des hommes.

C'eft pour n'avoir point approfondi cet art difficile de l'évaluation des monnaies, que les hiftoriens du fiecle de Louis XIV ont admis tant de calculs erronés dans leurs ouvrages. Voilà, par exemple, pourquoi le fage Rollin fait monter à trente-fix millions le tombeau d'Ephef-tion, qui ne montait réellement qu'à neuf mille livres du fiecle d'Alexandre.

On obvie à tous les inconvéniens, en

déſignant le prix du marc qui ſert à évaluer les anciennes monnaies.

L'ingénieux Salzade a établi pour baſe de tous ſes calculs, un prix moyen du marc d'argent, c'eſt celui de vingt-ſept livres, tel qu'il fut fixé en 1611.

Mais cette évaluation eſt trop éloignée du prix actuel du marc, & il ne faut pas travailler pour les hommes de 1711, quand on eſt en 1780.

Voici les principes d'après leſquels nous ſommes partis pour dreſſer nos calculs.

Il n'y a point eu de changement dans les monnaies depuis l'arrêt du conſeil d'état du 15 Septembre 1771, qui fixe le prix auquel les matieres d'or & d'argent feront reçues au change des hôtels des monnaies; & le tarif publié par ordre du gouvernement le 15 Mai 1773, n'a fait que confirmer & expliquer ces diſpoſitions; ainſi cet arrêt du conſeil & ce tarif vont devenir la baſe de notre travail.

L'arrêt du conseil fixe le marc d'or de 24 karats, à 784 livres 11 sols 11 deniers $\frac{598}{694}$

Mais comme les monnaies d'or en France ne font qu'à 21 karats, 22 trente-deuxiemes, on ne fera point étonné que le marc d'or monnoyé, & formant trente louis, même en y conprenant les frais de fabrication, le droit de fouverain, ou de feigneuriage, &c. n'ait de valeur numéraire que 720 livres.

Le marc d'argent confidéré dans fon dernier dégré de pureté, c'eft-à-dire, à douze deniers de fin, eft fixé par le même arrét, à 53 livres 9 fols 2 deniers $\frac{234}{261}$

Mais le marc d'argent monnoyé n'eft pas en France à ce titre de 12 deniers; & lorfqu'on fait entrer dans ce marc, qui eft à un titre inférieur, les frais de fabrication, le droit de fouverain, &c. on trouve que les 8 écus de 6 livres qui le compofent, avec les trois dixiemes d'écus de fupplément, ne font aujourd'hui que 49 livres 16 fols.

Pour simplifier encore plus cette théorie sur le marc d'argent , il faut savoir, que, quand il est monnoyé , il doit être à 10 deniers 21 grains de fin.

Que son poids est de huit écus de six livres, & de trois dixiemes d'écus , ou d'une livre seize sols.

Que quand on porte aux hôtels des monnaies, de l'argent brut au même titre, c'est-à-dire, à 10 deniers 21 grains, les directeurs sont obligés d'en payer le marc 48 liv. 15 sols.

Que les frais de fabrique de cet argent brut, montent à 14 sols 11 deniers.

Et que par ce calcul, le bénéfice du roi est réduit aujourd'hui à 6 sols 1 denier (a).

____

(a) Un résultat si extraordinaire a fait naître des observations de la plus haute sagesse à un homme d'état. Il nous les a communiquées avec une confiance qui honore à la fois son amour pour les arts & notre travail. Voici le précis de son mémoire.

Ce tableau nous a conduit à une évaluation, 1°. Du marc d'argent fin à 53 livres 9 fols 2 deniers $\frac{254}{161}$

On nous pardonnera, fans doute, la longueur de cette note à caufe de fon importance ; l'objet qu'on y envifage, eft totalement neuf ; fa lecture achevera de porter la lumiere dans le cahos de la théorie des monnaies, & on fentira d'autant plus le prix de ce fupplément à nos recherches, qu'on avancera davantage dans l'hiftoire des hommes.

Ce manufcrit précieux commence par un tableau des époques des diminutions fucceffives de bénéfice, qui font réfultées pour le roi après la fabrication des louis de 30 au marc, & des écus de 8, & trois dixiemes de fupplément, telle qu'elle était ordonnée par l'édit de Janvier de 1726 : voici ce tableau.

Édit de Janvier de 1726.

Cet édit fixe le cours des louis à 20 livres chacun, & celui des écus à 5 liv.

Les 30 louis valaient à ce prix   600 liv.

Le marc des vieux louis était

fixé à 492

2°. Du marc d'argent monnoyé, à 49 livres 16 sols.

Si nous avions connu parfaitement le

---

	liv.	sols	den.
La traite à $21\frac{39}{41}$ pour cent était de . , . . .	108		
Les $8\frac{3}{10}$ écus à 5 livres . . .	41	10	
Le marc des écus à refondre ...	34		
La traite à $22\frac{1}{17}$ pour cent était de	7	10	

Arrêt du 26 Mai 1726.

	liv.	sols
Les 30 louis valurent à 24 liv. piece	720	
Le marc des vieux louis . . .	637	10
La traite à $12\frac{16}{17}$ pour cent...	82	10
Les écus de $8\frac{3}{10}$ à 6 liv. piece	49	16
Le marc des vieux écus . . .	44	
La traite à $12\frac{2}{11}$ pour cent	5	16

Arrêt du 15 Juin 1726.

	liv.	sols
Les 30 louis continuent de valoir	720	
Le marc des anciens est porté à	678	15

titre des monnaies anciennes, nous au-
rions mis en calculant leur prix, la plus
grande précision dans nos tables; l'éva-

	liv.	sols	den.
La traite à $6\frac{1}{13}$ (un peu moins) pour cent	41	5	
Les $8\frac{3}{10}$ écus continuent de va-loir	49	16	
La matiere des écus à conver-tir est portée par marc à . . .	46	18	
La traite à $6\frac{2}{11}$ (un peu plus) pour cent	2	18	

Arrêt du 4 Novembre 1727.

Les 30 louis valent toujours 720			
Le marc des anciens, y compris 4 deniers pour livre, porté à . 690	1	3	
Le bénéfice à $4\frac{1}{3}$ (un peu moins) pour cent	29	18	9
Les $8\frac{3}{10}$ écus valent toujours 49	16		
Le marc des anciens avec les 4 deniers pour livre . . .	47	13	$7\frac{3}{5}$
Le bénéfice à $4\frac{85}{192}$ pour cent	2	2	$4\frac{2}{5}$

Arrêt du 25 Août 1755.

Les 30 louis encore . . . 720

luation des pieces d'or aurait eu pour bafe le prix de notre marc d'or à 24 karats : & celle des pieces d'argent, le prix

	liv.	fols	den.
L'achat du marc des vieux louis avec attribution de 8 den. pour liv. y compris tous les frais de fabrication à	703	7	10
Le bénéfice de $2\frac{7}{24}$ (un peu moins pour cent) . . .	16	12	2
Les $8\frac{3}{15}$ écus toujours . . .	49	16	
L'achat du marc des anciens, en y comprenant 8 den. pour liv. & les frais de fabrication . . .	49	4	$5\frac{1}{5}$
Le bénéfice à $1\frac{7}{47}$ pour cent eft de	1	11	$6\frac{4}{5}$

Arrêt du 15 Septembre 1771.

Les 30 louis toujours . .	720	
Le marc de la matiere au même titre, porté à 709, & en y comprenant les 8 deniers pour liv. les frais de fabrication qui font de 2 liv. 3 den. en total . . .	711	0	3
Le bénéfice à $1\frac{4}{15}$ pour cent ..	8	19	9

Point de changement pour l'ar-

de notre marc d'argent à douze deniers
de fin ; c'était le moyen le plus simple
de prévenir les erreurs des historiens du

gent, on ne fait que joindre le   liv. fols den.
montant de 8 den. pour liv. au
prix de marc   .   .   .

Lettre de M. Turgot du 15 Avril 1775.

	liv.	fols	den.
Les 30 louis encore . .	720		
Le marc d'or à 21 karats $\frac{22}{32}$; le titre de ces louis est payé actuellement 713 liv. 7 fols, & les frais de fabric. montant à 2 liv. 3 den. , il résulte . . .	715	7	3
Le bénéfice du roi réduit à . . .	4	12	9
Les $8\frac{3}{10}$ écus, valent toujours	49	16	
Le marc d'argent à 10 deniers 21 gr. titre des ces écus est payé 48 liv. 15 fols, & les frais de fabric. montant à 14 fols 11 den. il résulte	49	9	11
Le bénéfice du roi réduit à . . .	0	6	1

L'homme d'état, dont j'analyse le mémoire,
fait ensuite des réflexions sur ces calculs, & sur

trentieme fiecle, quand ils voudront vé-
rifier les calculs faits au dix-huitieme.
Malheureufement nous n'avons point

---

l'effet qui réfulte du prix des matieres d'or &
d'argent trop rapproché, dans les tarifs des monnaies, de la valeur numéraire des efpeces, & de
la valeur courante de ces mêmes matieres dans
le commerce : voici comment il s'exprime.

» L'infpection feule de mes tables, démontre
que le bénéfice du roi, qui au mois de Janvier
1726, était de 108 livres par marc d'or monnoyé, & de 7 livres 10 fols par marc d'argent ;
ne fe trouve plus aujourd'hui que de 4 livres 12
fols 9 deniers par marc d'or, & dé 6 fols 1 den.
par marc d'argent.

» Ce bénéfice du fouverain pouvait paraître trop
fort autrefois : mais affurément il eft trop modique
aujourd'hui, foit parce qu'il ne couvre pas les dépenfes attachées à la partie des monnaies, foit
par les inconvéniens qui réfultent du prix des
matieres brutes trop rapproché de la valeur de
ces mêmes matieres monnoyées.

» Le prix des matieres d'or & d'argent augmente
dans le commerce, en raifon de celui qui eft
établi au change des hôtels des monnaies. Si le
commerce, en effet, n'excédait pas dans l'achat

de données pour résoudre ce grand problême, & nous sommes contraints de ne

---

des matieres, ou des especes étrangeres, la valeur déterminée par les tarifs, elles abonderaient
aux hôtels des monnaies, par la raison bien dé-
cisive de la sûreté & de la promptitude des paie-
mens ; dès-lors le commerce d'orfevrerie, & tous
ceux où l'or & l'argent sont employés, manque-
raient d'un aliment nécessaire, & l'interruption
du travail des artistes en ce genre, serait plus
préjudiciable à l'état que ne serait utile au roi
une abondante fabrication.

« Aussi l'administration a-t-elle été toujours at-
tentive à tenir l'or & l'argent dans les tarifs des
monnaies, au-dessous du prix courant de ces matieres dans le commerce ; afin que le surhausse-
ment qui pouvait avoir lieu, n'eût d'autre cause
que la rareté de ces matieres, ou une consom-
mation considérable dont le commerce aurait
profité.

« En même tems que l'administration s'est occupée à tenir les matieres brutes d'or & d'argent,
dans les tarifs des monnaies, au-dessous du prix
ordinaire du commerce, elle a eu soin que la
valeur numéraire des especes fût contenue dans
certaines bornes, & que le droit de seigneuriage,

faire servir que dès à-peu-près de fondement à nos réfultats.

---

en procurant un bénéfice modéré au roi, fût tel
cependant, que joint au prix de la matiere brute,
fuivant le tarif, il fût un peu fupérieur à la valeur de la même matiere brute dans le commerce ;
& fes vues étaient d'empêcher, qu'on ne fondît
les efpeces : inconvénient qui doit néceffairement
arriver, lorfqu'un marc d'argent brut, au titre des
écus, eft parvenu à la valeur du marc d'argent
monnoyé.

« Le haut prix des matieres peut être occafion-
né par une grande confommation qu'on en a
faite, ou par leur rareté proprement dite ; il paraît, que c'eft aujourd'hui le peu d'abondance
des piaftres, qui en a fait monter la valeur. Celles
aux deux globes, dont le titre eft précifément celui des écus de 6 liv. va jufqu'à 49 liv. 15 fols,
& même 50 liv. par marc ; & comme les matieres prennent dans le commerce un certain ni-
veau, pour le prix relatif à leur valeur intrinfeque, l'argent au titre de la vaiffelle, qui eft de 13
grains de fin plus fort que celui de ces piaftres,
fe trouve parvenu de fon côté à 53 liv. 5 fols
par marc, c. à. d. à 1 liv. 5 fols de plus qu'il n'eft
couramment.

D'abord , quoique ce titre des anciennes monnaies ne puisse être déterminé,

---

» On vient de remarquer que le prix du marc
des piaftres aux deux globes roule actuellement
fur 50 liv. Un marc d'écus neufs de 6 liv. forti
de la monnaie de Paris, avec très-peu de fai-
blage de poids , composé de huit de ces écus , &
de $\frac{3}{10}$ d'écus , & au même titre , que ces piaftres , ne vaut que 49 liv. 16 fols ; voilà donc le
moment où l'on peut fondre ces efpeces , même
avec un léger avantage , fur-tout en choififfant les
écus les plus forts , & avec une fûreté pour le
titre que ne préfentent pas quelquefois les lin-
gots d'argent qui font vendus dans le commerce.

» Le prix des piaftres n'eft monté fi haut, que
fucceffivement , à mefure que le tarif des monnaies en a augmenté la valeur, & a forcé le négociant d'excéder celle du tarif , pour fe procurer
une matiere que les monnaies auraient totalement abforbées , même à quelque chofe au-deffous du prix du commerce , par la fûreté qu'elles
offrent dans les achats , comme je l'ai déja dit ,
par la fidélité dans les pefées & le paiement des
matieres en très-fortes parties, quelquefois avant
qu'elles foient converties en efpeces.

» Lorfque l'augmentation du prix des matieres

nous favons par les monumens de l'hiftoire, qu'il devait être fupérieur au titre

---

a pour caufe leur rareté, elle n'eft que paffagere,
& ces matieres devenues plus communes, def-
cendent infenfiblement au prix d'où elles étaient
montées ; mais lorfqu'un tarif légal l'a occafion-
née, elle fubfifte, & fert à l'étranger qui nous
fournit ces matieres, comme de titre pour les
vendre plus cher, fans qu'il veuille nous dédom-
mager, par un achat plus haut, des marchan-
difes que nous lui vendons ; ainfi en derniere
analyfe, c'eft l'étranger propriétaire de l'or & de
l'argent qui profite du furhauffement de leur
prix.

» L'Efpagne a baiffé le titre de fes efpeces d'or &
d'argent, & les a mifes au-deffous des nôtres.
Elle voit cependant, que nous payons aujourd'hui
fes matieres plus cher que nous ne les achetions,
lorfqu'elles étaient à un titre plus haut, & elle
s'apperçoit, fans doute, que nos tarifs trop rap-
prochés du prix du commerce, ont été peu-à-peu
une des principales caufes de cette augmentation.
Il eût donc été à defirer qu'on n'eût pas porté
plus haut le prix de la matiere de nos efpeces d'or
& d'argent, & que le commerce n'eût pas été
contraint à une augmentation progreffive fur celle

des nôtres ; ainfi l'évaluation de l'argent monnoyé des Grecs & des Romains fur le pied de notre marc monnoyé à 49 liv. 16 fols, conduirait à des réfultats infideles.

D'un autre côté, il eft évident qu'il n'y a jamais eu d'or monnoyé au titre de 24 karats, ni d'argent monnoyé au titre de douze deniers de fin ; ainfi il y aurait un égal danger à fuppofer l'un à 784 livres onze fols onze deniers, & l'autre à 53 livres 9 fols 2 deniers.

Dans cette incertitude nous avons pris pour bafe de nos calculs, le marc d'argent évalué à 52 livres fans fractions (a).

___

des tarifs ; il en ferait réfulté moins d'avantages pour l'étranger, aux dépens de la France, à laquelle il fournit des matieres, moins de rifques pour la fonte de nos efpeces, & le roi fe ferait réfervé un bénéfice modique, dont on aurait pu fe fervir utilement, pour couvrir les dépenfes attachées au département des monnaies.

(a) Obfervez que, comme nous connaiffons

Ce prix un peu inférieur à l'argent fin, &
un peu au-deſſus de l'argent monnoyé,
eſt une eſpece de moyenne proportio-
nelle qui nous rapproche de la vérité,
puiſqu'il nous eſt impoſſible de la ſaiſir.

Au reſte, comme dans la ſuite des ſiecles, il ſe trouvera des lecteurs éclairés,
qui déſireront connaître le rapport qu'il
peut y avoir entre des évaluations fondées ſur le prix du marc à 52 livres, &
celles qui auront pour baſe le prix du
même marc, fixé à une valeur ſoit inférieure ſoit ſupérieure, nous ajouterons à
notre travail deux tables, qui épargne-
ront à la poſtérité (ſi notre ouvrage y
parvient) juſqu'à l'embarras d'une ſimple
regle d'arithmétique.

L'une de ces tables préſentera le tableau des variations, qu'a ſubies notre

---

peu de monnaies d'or dans l'antiquité, nous
avons cru inutile de dreſſer deux tables ; ainſi
notre marc d'argent fixé à 52 liv. ſervira également
à l'évaluation des monnaies d'or & d'argent.

livre numéraire, depuis Charlemagne jufqu'à nous.

L'autre fervira à trouver l'évaluation
de toutes les monnaies en ufage fur le
globe, à quelque prix que puiffe être
le marc d'argent, entre 27 & 54 liv. (*a*).

Mais notre ouvrage ne ferait point
complet, fi nous nous contentions d'é-
tablir la valeur des monnaies de l'antiquité & les nôtres. Il en eft dans le moyen
âge, qui méritent de fixer les regards de
la politique, & nous nous y arrêterons
un moment, pour prévenir des difcuffions
arides, qui dans la fuite gêneraient à chaque inftant la marche de l'hiftoire.

Ces tables du moyen âge, qui femblent
ne regarder que les monnaies d'or ou
d'argent, donnent auffi quelqu'idée des
monnaies de billon, matiere qu'il eft à
propos d'éclaircir.

____

(*a*) Ces deux tables font de M. de Salzade ;
on les trouvera dans la collection de nos gravures.

On fait qu'on a le droit dans les hôtels des monnaies, de joindre aux pieces d'or & d'argent qu'on fait frapper, un peu d'alliage ; delà eft venu ce qu'on nomme la monnaie de billon.

Le billon d'or eft celui qui eft au-deffous de 21 karats, & le billon d'argent, celui qui eft au-deffous de 10 deniers de fin. Il y a même des ordonnances, qui appellent les pieces où l'or eft à 21 karats, & l'argent à 10 deniers, monnaies de billon.

On remarquera dans la table des monnaies d'argent du moyen âge, que la plupart de celles que nous avons évaluées, font des monnaies de billon. On était alors très-peu éclairé en adminiftration ; on ne fentait pas qu'en altérant ainfi le titre des monnaies, on les empêchait d'avoir cours chez les étrangers, ce qui eft détruire le commerce par fa bafe.

Il y a encore des monnaies inférieures aux monnaies de billon ; ce font celles de cuivre, par exemple, les Maravedis d'Efpagne, les Schellings Danois, & nos Liards : celles de plomb, comme le Caxa de la Chine : enfin les monnaies de fruits & les coquillages ; mais toutes ces monnaies, fur-tout les modernes, font trop peu importantes, pour être évaluées dans nos tables.

Notre travail fur cet objet, fera terminé par un tableau des monnaies, qui ont cours en Europe avec leur titre & leur valeur foit intrinfeque, foit numéraire, à l'époque où cette hiftoire eft écrite (*a*).

____

(*a*) Ce tableau eft renvoyé avec les gravures.

TABLE
DES MONNAIES
ANCIENNES,

Evaluées à 52 livres le marc d'argent (a).

	livres	sols	deniers
AS ou **LIVRE DE CUIVRE** : monnaie Romaine	1	13	4
BESSIS ou **BES** : monnaie de cuivre Romaine	1	2	3
DARIQUE D'OR : monnaie Grecque	19	5	2
DECUSSIS, ou dix as Romains	16	13	9
DENIER D'OR à Rome	77	0	8
DENIER D'ARGENT à Rome	5	15	6
DEXTANS : monnaie de cuivre Romaine	1	7	9

____

(a) Nous avons fait disparaître, dans l'évaluation, les fractions de denier.

	livres	fols	deniers
DODRANS : monnaie de cuivre Romaine	1	5	10
DRACHME ATTIQUE	0	14	5
DUPONDIUS, ou deux as Romains	3	6	9
DUNX : monnaie de cuivre Romaine	1	10	7
GERAH, ou l'obole des Hébreux	2	17	8
LIBELLE D'OR à Rome	7	14	0
LIBELLE D'ARGENT à Rome	0	11	6
MINE ATTIQUE	72	4	5
MINE D'OR chez les Hébreux	1155	11	1
MINE D'ARGENT chez les Hébreux	173	6	8
MYRIADE : monnaie Attique, pesant dix mille drachmes	7222	4	5
NONUSSIS, ou neuf as Romains	15	1	8
OBOLE ATTIQUE	0	2	4
OCTUSSIS, ou huit as Romains	13	7	0

	livres	fols	deniers.
ONCE : monnaie de cuivre Romaine . . .	0	2	9
PHILIPEI : monnaie Attique du poids de deux drachmes ; c'eft la Darique d'or . . .	19	5	2
QUADRANS : monnaie de cuivre des Romains	0	11	1
QUADRUSSIS, ou quatre as Romains . . .	6	13	6
QUINAIRE D'OR à Rome . . .	38	10	4
QUINAIRE D'ARGENT à Rome . . .	2	17	9
QUINCUNX : monnaie de cuivre Romaine . . .	0	13	10
QUINTUSSIS ou cinq as Romains . . .	8	6	10
SEMBELLE D'OR à Rome . . .	3	17	0
SEMBELLE D'ARGENT à Rome . . .	0	5	9
SEMIS : monnaie de cuivre Romaine . . .	0	16	8

	livres	fols	deniers
SEPTUNX : monnaie de cuivre Romaine .	0	19	5
SEPTUSSIS, ou fept as Romains . . .	11	13	4
SESTERCE D'OR à Rome . . .	19	5	2
SESTERCE D'ARGENT à Rome . . .	1	8	10
SESTERCE DE CUIVRE à Rome, ou deux as & demi . . .	4	3	5
SEXTANS : monnaie de cuivre Romaine	0	5	6
SEXTUSSIS, ou fix as Romains . . .	10	0	3
SICLE D'OR des Hébreux . . .	19	5	2
SICLE D'ARGENT des Hébreux . . .	2	17	9
STATER D'OR des Grecs . . .	19	5	2

TALENT ATTIQUE, (le grand) : il y a eu

chez les Grecs un grand
nombre de monnaies
du nom de talent : les
principaux étaient ceux
de Cyrene & d'Egyp-
te , qui valaient le
double de celui d'A-
thenes, & le talent
Euboïque qui lui était
inférieur ; le plus con-
nu eſt l'Attique, qui
fut adopté à Rome, &
par conféquent dans
la moitié du monde
connu. Le grand ta-
lent Attique était du
poids de 80 mines,

	livres	ſols	deniers.
on peut l'évaluer à ..	5416	13	4
TALENT ATTIQUE (le petit) : du poids de ſoixante mines ...	4333	6	8
TALENT D'OR des Hébreux	115555	11	1

	livres	fols	deniers
TALENT D'ARGENT des Hébreux	8666	13	4
TÉRUNCE D'OR à Rome	1	18	6
TÉRUNCE D'ARGENT à Rome . . .	0	2	10
TRIENS : monnaie de cuivre à Rome . . .	0	8	4
TRISSIS, ou trois as Romains	5	0	1

TABLE

DES MONNAIES D'OR

DU MOYEN AGE,

Evaluées sur le pied de 784 livres 11 sols 11 deniers le marc d'or, tel qu'il est en 1780 (a).

Agnelet : monnaie de France, fabriquée en 1226, sous St. Louis; son nom vient de son empreinte, qui était un agneau ;

livres sols deniers.

(*a*) On a consulté pour ces deux tables, les arrêts du Conseil, les mémoires de l'Académie des belles-lettres, l'Essai sur les monnaies de Dupré de Saint Maur, celui de M. Macé de Richebourg, & le Recueil de M. de Salzade.

J'avertis que peut-être parmi les monnaies, soit d'or, soit d'argent du moyen âge, il s'est glissé quelques pieces modernes ; cela vient de ce que la date de leur fabrication n'est point marquée dans

on en frappa encore au même titre fous le regne de
Louis Hutin & de Charles

livres fols deniers.

---

mes mémoires, au refte cette légere inexactitude
n'eft d'aucune importance.

L'étoile mife au – devant des chiffres défigne qu'on n'évalue que par approximation.

Quand le titre eft inconnu, on le marque par
une parenthefe.

Il y a quelques – unes de ces monnaies que
les hiftoriens n'ont fait connoître, qu'en les
évaluant fur le pied du marc d'argent, tel qu'il
était de leur tems ; alors on s'eft contenté de
concilier leurs calculs avec celui du même marc
d'argent fixé au taux actuel.

Nous croyons auffi devoir avertir, que le poids
de plufieurs des monnaies du moyen âge que
nous foumettons à nos calculs, n'eft pas connu, &
par conféquent évalué avec une précifion rigou-
reufe, parce qu'on a négligé de nous tranfmettre le
dégré d'affaibliffement, que les fabricateurs font
dans l'ufage d'y introduire : cet affaibliffement s'appelle *remede de poids* ; il eft aujourd'hui de 36 grains
fur les 4608, dont le marc d'argent eft compofé.

Obfervez qu'on a cru à caufe du peu d'importance devoir négliger les fractions de deniers.

le Bel ; l'Agnelet avait cours au treizieme fiecle pour 12 fols fix deniers d'argent. *Titre* 23 karats 18 trente-deuxiemes . . .   11   8   4

livres fols deniers.

ALBERTUS : monnaie de Flandres, frappée pendant le gouvernement d'Albert, archiduc d'Autriche : on en taillait 48 dans le marc. Tit. 21 k. 9 t. . . .   16   6   11

ALTOM : efpece de fequin d'or, qu'on frappait autrefois au coin du grand Seigneur à Conftantinople ( ) *13   0   0

ANGE : monnaie de France , qui remonte au regne de Philippe de Valois ; fon nom vient d'un ange qui lui fervait d'empreinte ; on en tailla d'abord environ 33 au marc, enfuite 38 ⅓ ; le premier eſt le ſeul qu'on évalue ici.

livres ſols deniers.

Tit. * 23 k. 1 t. . . . . . . * 21   7   2

ANGELOT : monnaie Anglaiſe battue en France à la fin du regne de Charles VI, quand Paris était au pouvoir des Anglais : l'empreinte était un St. Michel tenant une épée d'une main, & de l'autre un écu chargé de trois fleurs de lys ; on en taillait 105 au marc. Tit. * 23 k. 24 t. . . .   7   7   10

AUGUSTE DOUBLE DE SAXE ancien. Tit. 21 k. 16 t.   .   .   .   39   10   9

BEZANT : monnaie Françaiſe, qui avait cours ſous Louis VII & ſous Philippe Auguſte ; dans le treizieme ſiecle, on portait en offrande à la cérémonie du ſacre de nos rois, un pain, un baril d'argent plein de vin,

& treize *bezants* d'or. Tit. livres fols deniers.

22 k. *20 5 4

CADIERE : monnaie d'or, frappée en France fous Philippe le Bel ; le roi y était affis fur une chaife, appellée alors cadiere : elle a le titre & la valeur du bezant. Tit. 22 k. . . . *20 5 4

CAROLIN d'ANSPACH. Tit. 18 k. 16 t. . . . 24 3 9

CAROLIN DE BADE DOURLACH. Tit. 18 k. 8 t. 23 8 8

CAROLIN DE BAVIERE ancien. Tit. 18 k. 16 t... 24 0 4

CAROLIN DE CASSEL. Tit. 18. k. 16 t. . . . 24 0 3

CAROLIN DE COLOGNE ancien. Tit. 18 k. 16 t. 24 0 1

CAROLIN DE FULDE. Tit. 18 k. 8 t. . . . 23 3 6

CAROLIN DE HESSE DARMSTAD. Tit. 18 k. 21 t. . . . 23 16 5

	livres	fols	deniers.
CAROLIN DE MON-FORT. Tit. 18 k. 4 t....	22	4	10
CAROLIN DU PALA-TINAT. Tit. 18 k. 16 t...	24	0	4
CAROLIN DE WIRTEM-BERG. Tit. 18 k. 10 t....	23	5	10
CAROLUS : ancienne monnaie d'Angleterre. Tit. *23 k.	22	10	1
CHARLES DE BRUNS-WICK. Tit. 21 k. 24 t....	18	19	7
CHERIF : monnaie Egyptienne du moyen âge. Tit. ( )	*8	13	4
COURONNE : cette monnaie Françoise fut d'abord fabriquée en 1339 ; on en taillait 45 au marc. Tit.( )	*20	4	6
COPEC DE RUSSIE, Tit. *21 k. 23 t.	*2	3	2
COUPANT DU JAPON. Tit. *21 k.	*146	15	1

CRUZAT : monnaie de
Portugal, frappée d'abord

fous le roi Philippe I , & dont on augmenta le titre & la valeur fous Emmanuel un de fes fucceffeurs ; il s'agit ici du premier *cruzat* tit. 22 k. 7 16 6

DEMI-ANGE : c'eft la moitié de l'*ange* de Philippe de Valois. Tit. * 23 k. 1 t.... 10 19 1

DEMI-CRUZAT de Portugal. Tit. 22 k. . . . 3 18 3

DEMI-DUCAT DE DANNEMARK de Frederic III. Tit. 23 k. 20 t. . . . 5 7 3

DEMI-DUCAT, pour les états de l'Allemagne, voyez *ducat* . . . .

DEMI-ÉCU, voyez *écu*.

DEMI-GUINÉE D'ANGLETERRE , frappée en 1701. Tit. 21 k. 24 t... 11 11 5

DEMI-MAX DE BAVIERE. Tit. 18 k. 12 t. 4 11 2

DEMI-PISTOLE CORNUE

à la croix & aux armes ^{livres fols deniers.} d'Eſpagne. Tit. 21 k. 28 t. 9 15 6

DEMI - PORTUGAISE , voyez *Portugaiſe.*

DEMI-RÉAL, voyez *Real*

DEMI - SOUVERAIN DES PAYS - BAS, fabriqué en 1659. Tit. 22 k. . . . 16 1 6

DENIER D'OR : c'eſt l'*agne-let.* Tit. 23 k. 18 t. . . . 11 8 4

DOUBLE DUCAT D'OR, frappé à Rome ſous Clément VII, & ayant (à un grain près) le même titre & le même poids que le double ducat d'or, qui avoit cours le ſiecle dernier en Eſpagne. Tit. * 23 k. . . . *20 4 6

DOUBLE DUCAT A l'E-LÉPHANT : monnaie de Dannemark. Tit. 23 k. 20 t. 23 14 9

DOUBLE DUCAT DE

	livres	fols	deniers.

DANNEMARK de Fréderic III, frappé en 1664. Tit. 23 k. 16 t. 21 13 5

DOUBLE DUCAT DE DANNEMARK, de Christian V. Tit. 23 k. 20 t. 23 17 11

DOUBLE DUCAT DE FRIBOURG. Tit. 23 k. 14 t. . . . 21 9 0

DOUBLE DUCAT DU PALATINAT. Tit. 23 k. 16 t. . . . 21 13 5

DOUBLE DUCAT DE SAINT-GAL, fabriqué en 1618. Tit. 23 k. 8 t. . . . 21 8 10

DOUBLE DUCAT DE ZURICH. Tit. 23 k. 20. t. 21 12 5

DOUBLE ÉCU : monnaie Française, frappée sous Henri II. Tit. 23 k. 4 t. . . . 20 17 0

DOUBLE GENOVINE : ancienne monnaie de Gênes. Tit. 22 k. . . . 82 14 5

DOUBLE ONCE DE SI-

livres sols deniers.

CILE ancienne. Tit. 20 k. 26 t. 24 10 8

DOUBLE PISTOLE COR-NUE : ancienne monnaie d'Espagne, Tit. 21 k. 24 t. 39 0 9

DOUBLE PISTOLE DE MILAN. Tit. 21 k. 20 t. 38 0 11

DOUBLE PISTOLE DE PLAISANCE. Tit. 21 k. 20 t. 37 8 1

DOUBLE SÉQUIN : ancienne monnaie des Papes. S'il faut en croire l'*essai sur les monnaies* de M. de Richebourg, elle était au titre de 23 k. 30 t. ce qui forme une des monnaies les plus pures qu'on connaisse 21 14 3

DUCAT D'OR : monnaie Espagnole, frappée sous Ferdinand & Isabelle, qui en 1641, lorsque le marc d'argent était à 40 liv. en valait 10. Tit. 22 k. . . . 12 8 0

DUCAT DE BALE : on ^{livres sols deniers.}
en frappe deux dans la capi-
tale de ce canton Suisse ; celui de l'Evêque & celui de
de la Ville : le premier est
un peu plus fort que l'autre, soit pour le titre, soit
pour le poids ; il est à 23 k.
8 t. 10 11 1

DUCAT ROYAL DE Bo-
HÊME. Tit. 23 k. 24 t. . . . 11 2 4

DUCAT DE DANNE-
MARK, de Christian IV. Tit.
23 k. 20 t. 10 1 9

DUCAT DE DANNE-
MARK de Christian V, de
1694. Tit. 23 k. 26 t. . . . 10 19 2

DUCAT DE DANNE-
MARK de Fréderic III,
frappé en 1688. Tit. 23 k.
20 t. 10 1 9

DUCAT DU DANUBE.
Tit. 22 k. 16 t. . . . 10 7 6

	livres	fols	deniers.
DUCAT DE FRANCFORT ancien. Tit. 23 k. 20 t. . . .	11	1	9
DUCAT DE FRIBOURG très-ancien. Tit. 23 k. 14 t.	10	12	10
DUCAT DE HAMBOURG ancien. Tit. 23 k. 12 t.	10	15	7
DUCAT DE HESSE DARMSTAD ancien. Tit. 23 k. 8 t. . . .	10	14	5
DUCAT DE HONGRIE ancien. Tit. 23 k. 24 t. . . .	11	2	0
DUCAT DE L'INN. Tit. 22 k. 16 t.	10	7	6
DUCAT DE L'ISER. Tit. 22 k. 15 t.	10	7	6
DUCAT DE MAYENCE ancien. Tit. 23 k. 16 t.	10	13	4
DUCAT DU PAPE ancien. Tit. 23 k. 20 t.	10	14	6
DUCAT DE PERSE de Scah-Huffein & d'autres Sophis. Tit. 23 k. 24 t. .	10	15	8
DUCAT DE PRUSSE ancien. Tit. 23 k. 24 t.	10	16	10

	livres	sols	deniers.
DUCAT DE RUSSIE, frappé par ordre de Pierre le Grand. Tit. 18 k. 24 t.	10	7	6
DUCAT DE SAXE ancien. Tit. 23 k. 16 t. . . .	10	13	8
DUCAT D'UNDERWALD. Tit. 22 k. . . .	9	19	9
DUCAT DE WIRTEMBERG. Tit. 23 k. 16 t. .	10	19	6

ECU D'OR A LA COURONNE : la premiere monnaie de France qui ait porté ce nom fut fabriquée en 1279 fous Louis le Hardi ; on en frappa auffi fous Philippe de Valois ; M. de Salzade met cette derniere au titre de 24 karats ; mais il fe trompe ; l'or ne parvient point phyfiquement à ce dernier degré de pureté, même dans le creufet des chymiftes ; quoi qu'il en foit, l'écu d'or de Louis le

Hardi était à ce qu'on croit, livres sols deniers.
à la taille de 54 au marc.
Tit. 23 k. 16 t. 14   4   6

ECU D'OR AU SOLEIL : il datte du regne de Charles VI ; il y en avait 60 au marc. Tit. 23 k. 12   10   7

ECU D'OR AU PORC EPIC : monnaie de Louis XII, de 70 de taille au marc. Tit. 23 k. 10   14   9

ECU D'OR A LA SALAMANDRE : son époque eſt 1539 ; il y en avait environ 71 au marc. Tit. 23 k. . . *10   11   9

ECU D'OR DE HENRI II : monnaie Françaiſe, dont on ne connaît le titre & la valeur que par les quarts d'écus qui ont été conſervés. Tit. *23 k. 4 t. . . . *35   13   4

ECU D'OR DE BRABANT, fabriqué ſous Winceſlas. Tit. 22 k. 2 t. *9   17   7

Ecu d'or de Ferrare, *livres sols deniers.*

fabriqué sous le duc Hercule IV. Tit. 21 k. 24 t. . . . . `*9 12 2`

Ecu d'or de Portugal, fabriqué sous le Roi Jean III. Tit. 22 k. 4 t. `*10 6 7`

Ecu d'or de Rome, sous Urbain VIII, Paul III & Paul IV. Tit. 23 k. . . . . `*10 3 2`

Elizabeth : monnaie d'or Anglaise, portant le nom de la souveraine qui l'avait fait fabriquer. Tit. 22 k. . . . . . . `*25 13 7`

Excellent : ancienne monnaie d'or Espagnole. Tit. 23 k. 7 t. . . . . `*25 5 10`

Fleur de lys du Roi Jean : espece d'écu d'or fabriqué en France en 1351. Tit. *23 k. . . . `15 0 9`

Fleur de lys de Charles V : cette monnaie est de 1365. Tit. *23 k. . . `11 14 11`

FLORIN D'OR : on voit livres fols deniers.
dès le onzieme fiecle, que
l'agnelet était connu en
France fous ce nom ; le roi
Jean fit fabriquer des florins
d'or; mais tout porte à croire, qu'il appella ainfi fon
écu d'or où était l'empreinte
d'une fleur de lys. Tit. * 23
k. 15 0 9

FLORIN GEORGES, fa-
briqué à Orléans, par ordre
de Philippe de Valois
qui y était repréfenté en St.
Georges, terraffant un dra·
gon ; & ce dragon était le
Roi d'Angleterre ; on peut
conjecturer que ce florin
avait le titre & la valeur de
l'ange : fi même ce n'eft pas
l'ange lui-même. Tit. * 23
k. 1. t. . . . 21 18 2

FLORIN DOUBLE D'HA-
NOVRE. Tit. 18 k. 24 t. . . . 16 4 7

FLORIN DE LIEGE. Tit.

livres sols deniers.

19 k. 24 t. . . . 8 13 8

FLORIN DE RODOL-PHE II, fabriqué en Allemagne. Tit. 18 k. 2 t. . . . *7 15 4

FLORIN DE LOUIS LE DEBONNAIRE: on conjecture, que c'eft le *franc d'or* du Roi Jean. Tit. ( ) . . . *13 9 8

FONDOUKLY DE TURQUIE ancien. Tit. 23 k. 10 12 1

FRANC D'OR DU ROI JEAN du poids de 73 grains; il la fit fabriquer à fon retour d'Angleterre; il eft très-difficile d'évaluer même par approximation, le titre de la monnaie fous ce regne infortuné : car il changeait à chaque inftant; on nous a confervé l'hiftoire des variations, que le prix du marc fubit dans le feul intervalle d'une année,

& il faut en donner le ré-
sumé, parce qu'il peint parfaitement l'ignorance politique & les malheurs de ce
tems-là. Le 28 Mai 1359,
le prix de ce marc était à
11 livres; le 5 Juin, il fut
porté à 9. Le 9 Juillet à 12;
le 31, à 16; le 22 Octobre,
à 29 liv. 8 sols; le 27 Novembre, il revint à 12 liv.
le 5 Décembre, il fut re-
porté à 15; le 29, à 18 liv.
9 sols; le 31 il monta à 23
liv. 12 sols 6 deniers; le 2
Janvier 1360, il hauffa encore de 20 sols; le 22, il
vint à 34 liv. 9 sols 6 den.
le 27 Février, il baissa tout-
à-coup jusqu'à 13 liv. 17
sols 6 deniers; le 4 Mars,
il revint à 77 liv. 16 sols;
le 21, il fut porté jusqu'à
102 : & le dernier de ce

livres sols deniers.

mois, il fut reporté à 11 l. livres sols deniers.
où il était un an aupara-
vant; quoi qu'il en soit, le
franc d'or peut s'évaluer,
Tit. ( ) .   .   . *13 9 8

FRANC D'OR DE CHAR-
LES V : il était de 63 au
marc; Tit. * 23 k.   . . 11 18 8

FRANC A PIED : mon-
naie de Flandres du qua-
torzieme fiecle , qui fut
évaluée en 1641, à 5 liv.
15 fols : tit. * 23 k. . . . 11 1 6

FRANC A CHEVAL, c'eſt
la même monnaie dont
l'empreinte eſt changée. Tit.
* 23 k. 11 1 6

FREDERIC A TÊTE :
monnaie de Pruſſe. Tit. 21
k. 22 t.   .   .   . 24 9 0

FREDERIC DE PRUSSE
ancien. Tit. 21 k. 24 t. . 19 8 3

GRAND RIDER : mon-
naie Allemande de Maxi-

milien I, du poids de 541 *livres fols deniers.*
grains, ce qui fuppoferait,
qu'on n'en taillait qu'envi●
ron 8 & demi dans le marc.
Tit. * 23 k. 88 3 8

GRAND TESTON : mon‑
naie d'or de Ferdinand de
Sicile, évaluée à 48 liv. 10
fols , lorfque le marc d'ar‑
gent était à 27 liv. Tit. * 23
k. 93 8 2

GROS ROYAL : monnaie
d'or de Philippe le Bel,
qu'on croit être le même
que la *cadiere* ; car dans
une ordonnance de ce Prin‑
ce, dattée de 1304 ; on l'ap‑
pelle *royal d'or à la chai‑
fe.* Tit. 22 k. *20 4 6

HENRI , c'eft le *double
écu* de Henri II. Tit. 23 k.
4 t. 20 17 0

JOANNES : efpece d'écu

	livres	sols	deniers.
d'or du roi Jean, fabriqué en 1344. Tit. * 23 k. 8 t.	15	13	4
LA HAYE : monnaie d'or d'un Guillaume, comte de Hollande, fabriquée à la Haye. Tit. 23 k. . . .	15	6	9
LEOPOLD DE LORRAINE de 1702. Tit. 21 k. 24 t. . . .	19	2	1
LEOPOLD DE LORRAINE de 1717. Tit. 21 k. 16 t. . . .	34	18	7
LEOPOLD de LORRAINE de 1719. Tit. 21 k. 24 t. . . .	28	8	10
LION : monnaie d'or d'un comte de Flandres, nommé Louis le Mâle, au 14e. siecle. Tit. * 23 k. 8 t. . .	16	9	11
LOUIS DE FLANDRES : monnaie frappée par ordre de ses comtes dans le quatorzieme siecle. Tit. 23 k. 1 t. . . .	12	14	10

Louis de France de 1640 : ce font les premiers qui ont été fabriqués ; le célebre graveur Warin en fit les coins & les poinçons ; on en tailla 36 & un quart au marc ; plufieurs auteurs, entr'autres, M. de Salzade ont prétendu qu'ils étaient au titre de 22 karats. Mais il paraît par le tarif donné par le gouvernement en 1773, qu'ils ne paffaient pas 21 k. 25 t. 19 12 5

Louis de 1693 : même poids, c'eft-à-dire, 127 grains, & même titre, c'eft-à-dire, 21 k. 25. t. . . . 19 12 5

Louis de 1700 & de 1701 : ils font cenfés au même poids & au même titre ; mais le remede de poids eft un peu plus fort. 19 12 4

Louis de 1709 du mois

livres fols deniers.

d'Avril, a la taille de 32 au marc. Tit. 21 k. 21 t. . . . . 22 . 2 . 5

livres fols deniers.

LOUIS de 1709 du mois de Mai : on en tailla 30 au marc. Tit. 21 k. 21 t. . . . 23 . 11 . 11

LOUIS de 1716, connu sous le nom de *Noailles*, parce que le duc de ce nom était alors directeur général des finances ; les *noailles* étaient à la taille de 20 au marc. Tit. 21 k. 22 t. . . 35 . 9 . 0

LOUIS de 1718, de 25 au marc. Tit. 21 k. 22 t. . . 28 . 7 . 2

LOUIS de 1723, connu sous le nom de *Cheva-lier* à cause d'une croix de St. Louis qui lui ser-vait d'empreinte ; il ne pe-sait que 122 grains. Tit. 21 k. 19 t. . . . . . . 18 . 13 . 9

LOUIS DE LUNE-BOURG : on le nomme aussi *pistole*. Tit. 21 k. 20 t. . . 19 . 3 . 6

Lys d'or : monnaie de France de 1665. Tit. 23 k. 8 t.   .   .   .   *livres sols deniers.* 12 13 4

Marabit : monnaie d'or, avec laquelle les comtes de Touloufe, au 13e. fiecle, achetaient la protection de Philippe Augufte ; on a cru qu'elle était fabriquée par des évêques, & que la légende était en caracteres Arabes. Tit. ( )   .   .*12 8 10

Maravedis : monnaie Françaife du 13e. fiecle. ( ) *13 3 10

Marionette d'or d'Allemagne : ancienne monnaie dont l'étymologie eft inconnue ; elle pefait 61 grains. Tit. 16 k. 4 t. . . . 6 19 6

Marionette d'or de Lorraine : il fallait qu'il y entrât bien peu d'or, car elle n'était qu'à 9 karats. Tit. 9 k. 3 17 10

	livres	fols	deniers.
MASSE : eſpece de gros écu d'or, frappé ſous Philippe le Bel, où ce prince était repréſenté avec une maſſe à la main. Tit. 22 k.	19	0	9
MAX DE BAVIERE ancien. Tit. 18 k. 8 t. . . .	15	8	11
MILLERET AU SAINT-ETIENNE : ancienne monnaie de Portugal. Tit. 22 k. 16 t.	19	3	1
MILLERET A LA LONGUE CROIX : monnaie de Portugal. Tit. * 22 k. 16 t. . . .	8	15	7
MILLERET A LA PETITE CROIX : monnaie de Portugal qu'on devrait, ainſi que la piece précédente, appeller *demi-milleret*. Tit. 23 k.	10	12	1

MOUTON D'OR : eſpece d'*agnelet* à la taille de 52 au marc, qui ſubit pluſieurs variations ſous le roi Jean; car ſon titre qui était originairement de 23 karats, fut réduit à 22, à 20 & enfin à 19 ; on ne parle ici que du premier. Tit. 23 k. 14 9 2

MOUTON D'OR, A LA GRANDE ET A LA PETITE LAINE : Philippe le Bel, Louis Hutin, Philippe le Long, Charles le Bel : & à l'exemple de nos rois, plusieurs autres souverains, firent fabriquer des pieces d'or, dont l'empreinte était un mouton ; c'était *l'agnelet* de St. Louis, dont on changeait le titre & le poids ; le plus connu de ces *moutons* pesait 77 grains. Tit. * 23 k. . . . 12 15 7

MUNERESE : monnaie de Portugal ancienne. Tit. 22 k. 22 3 5

NOAILLES, nom des Louis de France de 1716. Tit. 21 k. 22 t. . . . 35 9 0

(En-tête de colonnes : livres sols deniers)

NOBLE : monnaie d'or de livres fols deniers. Flandres, avec un bateau pour empreinte, frappée en 1488 & en 1580, avec une légere variation dans le titre ; je n'évalue que le *noble* de 1488 , tit.* 22 k. 9 t. . . . 22   2   7

NOBLE DE GAND , frappé dans cette ville en 1580. Tit. 22 k. 7 t. 22   1   4

NOBLE A LA ROSE D'ANGLETERRE : on commença à en battre à Londres, en 1334 fous Edouard III. Tit. 23 k. 24 t. 24   5   3

NOBLE A LA ROSE DE CAMPEN , au même titre & au même poids que celui des états de Gueldres . . . 23   9 11

NOBLE A LA ROSE DES ÉTATS DE GUELDRES, frappé en l'an 1579 , fous le roi Philippe. Tit. 23 k. . . . 23   9 11

NOBLE A LA ROSE DES

	livres	fols	deniers.
ÉTATS DE ZELANDE. Tit. 23 k.	22	7	10

NOBLE DE SAINT GEOR-GE : monnaie Anglaife, à l'empreinte d'un St. George à cheval ; on l'évalue comme un demi *noble à la rofe*.

	livres	fols	deniers.
Tit. * 23 k. 24 t.	12	2	7

NOBLE HENRI : autre monnaie Anglaife, pefant 14 grains de moins que le *noble à la rofe*. Tit. 22 k.

	livres	fols	deniers.
16 t.	20	15	0

OBOLE D'OR : elle avait cours fous St. Louis, Philippe le Hardi & Philippe le Bel ; on en ignore le titre : on fait feulement, qu'elle valait cinq fols ordinaires, dans le tems où le prix du marc d'argent était 2 liv. 15 fols 6 den. Tit.

	livres	fols	deniers.
( )	*5	3	5

ONCE DE SICILE à l'aigle

& au soleil de 1712. Tit. 20 livres sols deniers.
k. 8 t. 11 15 7

PAGODE DU MOGOL au croissant. Tit. 19 k. 16 t. 8 17 8

PAGODE DU MOGOL à l'étoile. Tit. 19 k. 8 t. . . . 8 15 1

PAGODE DE PONDICHERI au croissant. Tit. 19 k. 8 t. 8 14 10

PAGODE DE PONDICHERI à l'étoile. Tit. 19 k. . . . 8 12 6

PARISIS : cette monnaie d'or ainsi nommée, parce qu'elle valait 20 sols Parisis d'argent fin à la taille de $33\frac{2}{3}$ au marc, n'a eu cours en France que depuis 1329 jusqu'en 1336. Tit. ( ) . . *15 3 8

PAVILLON : espece d'écu d'or à la taille de 48 au marc, fabriqué sous le regne de Philippe de Valois. Tit. *23 k. 15 13 3

PETIT ROYAL : monnaie

de Philippe le Bel. Tit. * 23

livres sols deniers.

k. 10 14 10

PETIT MOUTON : espece d'ognelet du roi Jean à la taille de 104 au marc. Tit. * 23 k. . . . 7 4 7

PHILIPPE CLINCART : ancienne monnaie de Hollande. Tit. 13 k. 10 t. 5 11 5

PIECE D'OR D'ALLEMAGNE : on n'a de vraies lumieres, que sur celles qui furent frappées sous Maximilien I & sous Marie d'Autriche ; elles étaient de cinq gros 10 grains : ce qui suppose, qu'on n'en taillait qu'environ 12 & demi au marc. Tit. 23 k. 1 t. . . . 60 2 7

PIECE D'OR DE PORTUGAL, fabriquée en 1723. Tit. 22 k. . . . 9 7 3

PIECE DE DEUX ROU-

BLES : monnaie de Ruſſie.
Tit. 21 k. 24 t. . . . 9 5 7

PIECE DE DEUX ZERA-
MABOUCKS DE TURQUIE.
Tit. 23 k. 18 t. . . . 16 7 7

PIECE DE TROIS FON-
DOUKLIS DE TURQUIE. Tit.
23 k. 16 t. . . . 32 17 8

PIECE DE TROIS PISTO-
LES DE FRIBOURG : on la
croit tirée d'Eſpagne. Tit.
21 k. 14 t. . . . 57 18 10

PIECE DE QUATRE DU-
CATS : ancienne monnaie de
Sicile. Tit. 22 k. . . . 17 6 6

PIECE DE QUATRE PISTO-
LES DE GÊNES de 1720.
Tit. 21 k. 24 t. . . . 78 3 8

PIECE DE QUATRE PIS-
TOLES DE MODENE an-
cienne. Tit. 21 k. 4 t. . . . 73 11 9

PIECE DE CINQ DUCATS
DE MAYENCE de 1680. Tit.
23 k. 14 t. . . . 53 16 5

livres ſois deniers.

PIECE DE CINQ GUI-
NÉES : monnaie Anglaife
du milieu du fiecle dernier.
Tit. 21 k. 30 t.   .   .   . 121 10 10

PIECE DE CINQ PISTOLES
DE GÊNES, frappée en 1641.
Tit. 22 k. 8 t.   .   .   . 99 18 5

PIECE DE CINQ PISTO-
LES DE PIÉMONT, frappée
par ordre de Victor Amé-
dée II. Tit. 21 k. 14 t. 95 1 1

PIECE DE CINQ PISTO-
LES DE PIÉMONT, frappée
en 1641, par ordre de Ma-
rie Chriftine. Tit. 21 k.
24 t.   .   .   . 95 7 2

PIECE DE DIX PISTOLES
DE PIÉMONT, frappée par
ordre de Victor Amédée II,
vers 1684. Tit. 21 k. 20 t. 191 15 5

PIETRE DE LUXEM-
BOURG, fabriquée, à ce
qu'on croît, en cette ville
vers l'an 1408 ; (il eft pro-

batle que Pierre était le nom du souverain.) Tit. 21 k. 8 t. . . . 19 11 7

livres sols deniers.

PISTOLE OU DOUBLON : monnaie d'or qui a eu beaucoup de cours en Europe, & sur tout en France le siecle dernier ; elle était du même poids & au même titre que notre louis d'or de France de la fabrication de 1640. Tit. 21 k. 25 t. . . 19 12 5

PISTOLE D'ALLEMAGNE, sous Charles Quint. Tit. 21 k. 10 t. 19 1 0

PISTOLE D'AVIGNON ancienne. Tit. 21 k. 1 t. . . 18 16 0

PISTOLE DE BESANÇON du siecle dernier. Tit. 21 k. 1 t. 18 16 0

PISTOLE DE BOLOGNE : elle date du pontificat de Paul III, & a pour empreinte un St. Pierre & un livres ſols deniers.

St. Paul. Tit. 21 k. 7 t... 18 11 1

PISTOLE D'ESPAGNE COR-
NUE: on ne connaît point l'é-
poque de ſa fabrication, ni l'o-
rigine du nom qu'elle porte;
on ſait ſeulement qu'au lieu
de peſer 126 grains comme
la plupart des autres piſto-
les, elle en peſait 253. Tit.
21 k. 24 t.　.　.　.　. 39 0 9

PISTOLE D'ESPAGNE, ſous
Albert & Elizabeth. Tit. *
21 k. 10 t.　.　.　. 19 1 0

PISTOLE D'ESPAGNE,
ſous Ferdinand & Iſabelle.
Tit. 23 k. 25 t.　.　.　. 21 15 2

PISTOLE D'ESPAGNE, du
commencement de ce ſiecle.
Tit. 21 k. 24 t.　.　.　. 19 5 1

PISTOLE DE FLORENCE
ancienne. Tit. 21 k. 24 t. 18 13 1

PISTOLE DE FRIBOURG
ancienne　.　.　. 7 15 1

livres sols deniers.

PISTOLE DE GÊNES du fiecle dernier. Tit. 21. k. 5 t.   .   .   . 18 18 3

PISTOLE DE GENEVE très-ancienne. Tit. 21 k. 1 t. 18 16 0

PISTOLE DE GENEVE du fiecle dernier. Tit. 21 k. 24 t.   .   .   . 19 9 0

PISTOLE DE LIEGE à l'empreinte de Ste. Dorothée. Tit. * 21 k. 1 t. . . . 18 15 11

PISTOLE DE LIVOURNE. Tit. 21 k. 24 t.   .   .   . 19 9 0

PISTOLE DE LORRAINE du duc Charles ; elle ne pefait que 100 grains. Tit. 21 k. 1 t.   .   .   . 14 18 4

PISTOLE DE LUNE-BOURG, portant auffi le nom de Louis. Tit. 21 k. 20 t.   .   .   . 19 3 6

PISTOLE DE LUCQUES. Tit. 21 k. 1 t.   .   .   . 18 16 0

PISTOLE DE MILAN, frappée en cette ville en 1554, par ordre de Philippe III, roi d'Espagne. Tit. 21 k. 7 t.

PISTOLE DE MILAN du siecle dernier. Tit. 21 k. 20 t.

PISTOLE DE MONTFER-RAT. Tit. 21 k. 1 t. . . . .

PISTOLE DU PALATI-NAT. Tit. 21 k. 21 t. . . . .

PISTOLE DE PARME du commencement du 16ᵉ. siecle. Tit. 21 k. 5 t. . . .

PISTOLE DE PARME de 1690. Tit. 21 k. 24 t. . . .

PISTOLE DE PLAISANCE du siecle dernier. Tit. 21 k. 5 t.

PISTOLE DE PIÉMONT, fabriquée en 1682. Tit. 21 k. 16 t. . . . .

PISTOLE DE ROME sous Urbain IV. Tit. 21 k. 7 t.

PISTOLE DE ROME sous Urbain VIII. Tit. 21 k. 7 t.

	livres	fols	deniers
pée en cette ville en 1554, par ordre de Philippe III, roi d'Espagne. Tit. 21 k. 7 t.	18	19	4
PISTOLE DE MILAN du siecle dernier. Tit. 21 k. 20 t.	19	3	4
PISTOLE DE MONTFERRAT. Tit. 21 k. 1 t.	18	16	0
PISTOLE DU PALATINAT. Tit. 21 k. 21 t.	19	1	0
PISTOLE DE PARME du commencement du 16ᵉ. siecle. Tit. 21 k. 5 t.	18	18	3
PISTOLE DE PARME de 1690. Tit. 21 k. 24 t.	19	9	0
PISTOLE DE PLAISANCE du siecle dernier. Tit. 21 k. 5 t.	18	18	3
PISTOLE DE PIÉMONT, fabriquée en 1682. Tit. 21 k. 16 t.	18	18	2
PISTOLE DE ROME sous Urbain IV. Tit. 21 k. 7 t.	18	13	8
PISTOLE DE ROME sous Urbain VIII. Tit. 21 k. 7 t.	18	19	4

PISTOLE DE SAVOYE de
1614. Tit. 21 k. 5 t. . . . 18 18 3

PISTOLE DE SAVOYE de
1676, connue sous le nom de
pistole de Madame Royale.
Tit. 21 k. 16 t. 18 18 2

PISTOLE DE SICILE,
frappée en l'an 1542. Tit.
22 k. . . . 19 13 5

PISTOLE DE SIENNE. Tit.
21 k. 1 t. . . . 18 16 0

PITOLE DE VENISE du
siecle dernier, à l'empreinte
d'un St. Marc. Tit. 22 k. 19 13 5

PISTOLE DE ZURICH du
poids de 100 grains. Tit. *
21 k. 1 t. . . . 14 18 4

PORTUGAISE : ancienne
piece d'or de Portugal qui
avait un grand cours en
France avant le regne de
Louis XIII. Tit. 23 k.
24 t. . . . 105 16 3

PORTUGAISE, fabriquée

fous Philippe, roi de Portugal, connue fous le nom de *quadruple de milleret*, & très-inférieure en poids à la premiere. Tit. 22 k. 35 11 8

QUADRUPLE D'ESPAGNE : efpece de ducat ancien du poids de 288 grains. Tit. 23 k. 9 t. 47 11 3

QUADRUPLE DE FRANCE, frappée fous Henri III en 1575; on en taillait 72 & demi au marc, & il repréfente le poids des demi-louis de 1640. Tit. 23 k. 8 t.   10 9 5

QUADRUPLE DE FRANCE de 1640, du poids de 252 grains; il ne repréfente réellement que le quadruple du demi-louis. Tit. 21 k. 25 t.   38 18 9

QUADRUPLE DE ROME, frappé fous l'empire de Maximilien III. Tit. 21 k. 10 t. 29 6 7

(en-tête des colonnes : livres fols deniers.)

QUADRUPLE DE SAVOYE. *livres fols deniers.*

Tit. 21 k. 6 t. . . . 26 1 9

QUART DE DUCAT à deux têtes, d'Espagne & de Flandres. Tit. 22 k. . . . 4 16 7

QUART D'ÉCU D'OR : monnaie Françaife du regne de Henri II. Tit. 23 k. 4 t. 11 16 3

QUART de PIASTRE : ancienne monnaie de Tofcane. Tit. 21 k. 12 t. . . . 4 14 5

QUART DE PORTUGAISE, voyez *Portugaife.*

QUART DE ROUPIE DE PERSE DE KERIM-KAM. Tit. 23 k. 24 t. . . . 8 11 10

QUART DE SOUVERAIN, voyez *fouverain.*

QUATRIN : ancienne monnaie d'or des papes ; on croit qu'on en taillait environ 271 au marc. Tit. 21 k. 24 t. . . . 2 12 4

QUINZAIN : monnaie de

France de 1719 ; on en taillait livres sols deniers.
environ 65 au marc ; elle était à un très-haut titre, mais non pas à 24 karats, comme le dit M. de Salzade. Tit. * 23 k. 24 t. . . . 11 18 10

RÉAL de Charles V en 1364. Tit. * 22 k. 11 8 3

RÉAL de Charles VII en 1429. Tit. * 23 k. . . . 11 14 11

RÉAL DE FLANDRES. Tit. 23 k. 8 t. 16 9 8

REINE : monnaie d'or, frappée dans le quatorzieme fiecle par ordre d'une reine de Navarre, & renouvellée enfuite en France par Philippe le Bel. Tit. 23 k. 6 t. 14 12 2

RIDER DE FLANDRES ancien. Tit. 23 k. 8 t. . . . 13 18 4

RIDER DE FRISE. Tit. * 20 k. 1 t. 8 14 0

	livres	sols	deniers.
RIDER DE GUELDRES. Tit. 20 k. 1 t.	8	14	0
RIDER DE HOLLANDE de 1607. Tit. * 21 k. 6 t. . . .	26	1	8
ROSE NOBLE DE DANNEMARK. Tit. 23 k. 24 t.	21	10	11
ROSE NOBLE DE HOLLANDE. Tit. 23 k. 1 t.	21	2	2
ROSINE DE FLORENCE de 1718. Tit. 21 k. 16 t.	19	13	9
ROUPIE DE DELHY : monnaie de la capitale de l'Indoftan. Tit. 22 k. 8 t.	31	17	8
ROUPIE DU MOGOL ancienne. Tit. 21 k. 28 t.	31	19	4
ROUPIE DE PERSE d'Ahmet-Schah & de plufieurs autres Sophis. Tit. 23 k. 30 t.	35	3	0
ROUPIE DE PERSE d'Aly-Schah, & d'autres Sophis. Tit. 23 k. 30 t.	34	13	9
ROUPIE DE PERSE de Haffan-Kan. Tit. 20 k. 12 t.	30	9	6

ROUPIE DE PERSE de
Mehemet - Schah & d'autres
Sophis. Tit. 23 k. 4 t. . . .   33   9   4

ROUPIE DE PERSE de
Nader-Schah : elle eft très-
inférieure en poids aux autres, puifqu'elle ne pefe que
65 grains. Tit. 23 k. 24 t.   10   19   1

ROUPIE DE PERSE de
Schah-Soliman : c'eft la plus
forte de Roupies de Perfe;
elle pefe 414 grains. Tit.
23 k. 4 t.   .   .   .   67   18   5

ROYAL DOUBLE : mon-
naie d'or fabriquée fous
Charles le Bel en 1325. Tit.
*22 k.   .   .   .   12   8   0

RUBIE : monnaie d'or qui
fe frappe particuliérement
à Tremeçen, & qui a cours
à Alger & dans le refte de la
Barbarie. Tit. ( ) . . .   *8   13   1

SAINT-ETIENNE : nom

d'un des *millerets* de Portugal. Tit. 22 k. 16 t. . . .   livres sols deniers.   19   3   1

SAINT-THOMÉ : monnaie d'or, ayant la figure de l'apôtre des Indes pour empreinte, que les Portugais font fabriquer à Goa, & qui se fait avec l'or de Soffala un des plus purs qu'on connaisse. Tit. 20 k. 1 t. . . .   33   0   10

SALUT : monnaie Française de Charles VI, où était représentée la salutation angélique ; pendant que le roi d'Angleterre Henri VI fut maître de Paris, il fit frapper des *saluts* à plus haut titre que celui de Charles VI, qui était probablement à, *22 k.   11   8   3

SEQUIN DE GÊNES de 1736. Tit. 23 k. 31 t. . . .   11   1   1

SEQUIN DE MAL-

	livres	fols	deniers.
T H E de 1717. Tit. 23 k. 16 t.	10	12	6
Sequin de Tunis ancien. Tit. 21 k. . . .	9	10	0
Sequin de Venise ancien ; on le croit au titre de 23 k. 29 t.	10	18	4
Sol d'or : monnaie que nos premiers rois fabriquerent à l'imitation des fuccefseurs de Conftantin ; on croit, qu'il pefait environ un gros & treize grains ; il avait pour empreinte d'un côté l'effigie de nos fouverains , & de l'autre une croix ; il y avait des demi-fols & des tiers de fols. Tit. ( ) . . *13	18	5
Souverain d'Espagne, fabriqué en 1622, par ordre de Philippe IV. Tit. * 22 k.	24	6	11

Souverain de

FLANDRES de 1619. Tit.
*22 k. 24 6 11

SOUVERAIN DES PAYS-BAS-AUTRI-CHIENS, fabriqué en 1647. Tit. 22 k. . . . 32 12 4

SOUVERAIN DES PAYS-BAS-AUTRICHIENS, fabriqué vers le milieu de ce fiecle. Tit. 22 k. 6 . . . . 32 6 10

STAMBOUL, fequin de Turquie. Tit. 22 k. 8 t. 10 5 3

TIFLIS, fequin de Turquie. Tit. 23 k. 16 t. . . . 10 13 4

TOISON D'OR : ancienne monnaie de Flandres. Tit. 23 k. 8 t. . . . 13 18 4

TOUVALI, fequin de Turquie. Tit. 16 k. 16 t. 7 9 10

VIEIL EDOUARD : monnaie Anglaife. Tit. * 23 k. 8 t. . . . *12 12 7

VIEIL LION de Flan-. livres sols deniers.
dres. Tit. * 22 k. 9 t. . . * 8 10 8

ZÉRAMABOUCK DE TUR-
QUIE ancien. Tit. 19 k.
24 t. . . . 6 14 6

ZINGERLY, sequin de
Turquie. Tit. 18 k. . . . 8 6 9

TABLE

DES MONNAIES D'ARGENT

DU MOYEN AGE,

Evaluées sur le pied du marc à 53 livres 9 sols 2 deniers., tel qu'il est en 1780 a).

ABASSI : monnaie d'argent de Perse , fabriquée par ordre du Sophi Schah-Abbas II; la fameuse profession de foi des Musulmans lui sert de légende. Tit. ( )

livres sols deniers
1 15 7

(*a*). On fait disparaître , à cause du peu d'importance , la fraction de $\frac{234}{262}$ de denier.

Ce marc d'argent a prodigieusement varié parmi nous, depuis Charlemagne jusqu'à nos jours, comme on peut en juger par ce tableau.

ABAZIS ou SULTAN de Conſtantinople. Tit. 11 deniers 18 grains. 1 3 3

li.res ſols deniers.

ANGELOT : monnaie d'argent, fabriquée par ordre du roi d'Angleterre Henri VI, à Paris, dans le tems qu'il en était le maître ; on y voyait empreint un ange, portant le double écu de France & d'Angleterre ; l'*an-*

	livres	ſols	den.
De Charlemagne à Louis VI, c'eſt-à-dire, de 768 à 1113 ; le prix du marc a été	o	15	o
Sous Louis VII, de 1113 à 1158	2	13	4
Sous Philippe-Auguſte, de 1158 à 1222	2	10	o
Sous St. Louis & Philippe le Hardi, de 1222 à 1226 . . .	2	14	7
Sous Philippe le Bel de 1226 à 1285	2	15	6
Sous Louis Hutin & Philippe le Long, de 1285 à 1313 . . .	2	14	o
Sous Charles le Bel, de 1313 à 1321	2	18	o

gelot valait 15 fols, à l'é-
poque où le marc d'argent
était à 7 liv. Tit. ( ) .   .   *5 12 0

ANGEVIN : monnaie d'ar-

	liv.	fols	den.
Sous Philippe de Valois, de 1321 à 1344	3	8	0
Sous le roi Jean, de 1344 à 1364	5	0	0
Sous Charles V, de 1364 à 1380	5	5	0
Sous Charles VI, de 1380 à 1422	7	0	0
Sous Charles VII, de 1422 à 1461	8	15	0
Sous Louis XI, de 1461 à 1483	10	0	0
Sous Charles VIII, de 1483 à 1497	11	0	0
Sous Louis XII, de 1497 à 1514	12	10	0
Sous François I, de 1514 à 1546	14	0	0
Sous Henri II & François II, de 1456 à 1559 . . .	15	0	0
Sous Charles IX, de 1559 à 1574	17	0	0
Sous Henri III, de 1574 à 1589	18	16	4
Sous Henri IV, de 1589 à 1611	20	15	0
Sous Louis XIII, de 1611 à 1642	27	0	0
Sous Louis XIV, de 1642 à 1715	40	0	0
Sous Louis XV, de 1715 à 1720	120	0	0
Sous Louis XV & sous Louis XVI, de 1720 à 1780 . . .	49	16	0

gent sous St. Louis, évaluée
à 7 deniers tournois & demi
de ce tems-là. Titre 3 den.
18 g. (*a*)   .   .   .   *0 11 3

BLANC DU ROI JEAN :
c'est la premiere monnaie de
ce nom qu'on connaisse ; son
époque est 1351. Tit. 4 den.
12 g.   .   .   .   *0 2 8

BLANC A LA COURONNE :
il y en a eu plusieurs de ce
nom ; celui de 1356 était à
la taille de 96 au marc.
Tit. 8 den.   .   .   .   0 7 5

BLANC A LA FLEUR DE
LYS de 1356, à la taille de
60 au marc. Tit. 4 den. ...   0 5 11

livres sols deniers.

(*a*) On voit assez que des monnaies, dont le
titre est si bas, sont pleines d'alliages ; & vraiment
monnaies de billon : mais quand on les évalue, à
une époque éloignée de celle où elles ont eu cours,
il ne faut faire entrer dans ses calculs, que les deniers de fin ; alors le cuivre n'est compté pour rien.

BLANC A L'ÉTOILE de livres sols deniers.
1359, de 48 au marc. Tit.
4 den. 0 7 5

BOURGEOIS : monnaie d'ar-
gent, fabriquée sous le regne
de Philippe le Bel. Tit. 6
den. . . . *0 2 9

CARLIN DE NAPLES de
1730. Tit. 10 den. 18 gr. 0 7 10

CHRISTINE : ancienne
monnaie d'argent de Suede
de très-bas aloi. Tit. ( ) . *0 4 10

COLONNE : piaſtre de
l'Amérique Eſpagnole , qui
a pour empreinte les colonnes d'Hercule ; on la fabri-
quait autrefois au Potoſi. Tit.
11 den. *6 0 0

COURONNE D'ANGLE-
TERRE de 1696. Tit. 11
den. . . . 5 18 5

COURONNE DE DANNE-
MARK de 1686. Tit. 8
den. . . . 3 4 0

	livres	fols	deniers.
COURONNE DE DANNE-MARK de 1688. Tit. 7 den. 23 gr. . . .	3	3	8
COURONNE DE DANNE-MARK de Christian IV. Tit. 10 den. 7 gr. . . .	3	9	10
COURONNE DE DANNE-MARK de Christian V, en 1695. Tit. 8 den. 2 gr. . . .	3	4	8
COURONNE DE DANNE-MARK de Christian V, en 1699. Tit. 9 den. 22 gr.	3	4	6
COURONNE DE DANNE-MARK sous Christian V & Fréderic V. Tit. 7 den. 12 g.	2	19	7
COURONNE DE DANNE-MARK de Christian VI. Tit. 7 den. 22 gr. . . .	3	2	9
COURONNE DE DANNE-MARK de Fréderic III. Tit. 7 den. 20 gr. . . .	3	2	11
COURONNE DE DANNE-MARK de Fréderic IV. Tit. 8 den. . . .	3	3	7

livres sols deniers.

COURONNE DE DANNE-
MARK de Fréderic IV, fa-
briquée à une autre époque
du regne de ce prince. Tit.
8 den. 3 5 5

COURONNE DE DANNE-
MARK de Fréderic V. Tit.
8 den. . . . 3 2 0

COURONNE DE L'EMPE-
REUR : monnaie des Pays-
Bas - Autrichiens. Tit. 10
den. 10 gr. . . . 5 13 2

COURONNE DE LA
REINE : monnaie des
Pays-Bas-Autrichiens. Tit.
10 den. 10 gr. . . . 5 13 4

DAALDER DE BRAN-
DEBOURG : il y a eu sous
le nom de *daalder* une grande
quantité de pieces de monnaie d'argent , fabriquées
autrefois en Espagne , en
Hollande, en Suede , & dans
toute l'Allemagne. Le *daal-*

livres sols deniers

der le plus ancien qu'on con-
naiffe, eft celui d'un Joachim
de Brandebourg, frappé en
1521. Tit. 11 den. *5 15 17

DAALDER HOLLANDOIS
D'UTRECHT de 1689. Tit.
10 den. 16 gr. . . .   3   2   8

DAALDER HOLLANDOIS
DE WESTFRISE de 1685. Tit.
10 den. 17 gr. . . .   3   1   3

DALER DE L'EMPEREUR
de Charles VI. Tit. 10 den.
12 gr.   .   .   .   5 10 0

DEMI - COURONNE DE
DANNEMARK fous Fréde-
ric III. Tit. 7 den. 23 gr.   1 11 1

DEMI - COURONNE
DE DANNEMARK de
Fréderic III, frappée à une
autre époque du regne de
ce prince. Tit. 7 den. 16 gr.   1 10 2

DEMI-DUCAT DE VE-
NISE. Tit. 9 den. 22 gr. . .   2   1   0

DEMI-DUCATON DE

	livres	fols	deniers.
PARME. Tit. 11 den. 7 gr. . . .	3	3	9
DEMI-DUCATON ROMAIN d'Innocent XI. Tit. 10 den. 21 gr.	3	2	2
DEMI-DUCATON ROMAIN d'Innocent XII. Tit. 10 den. 22 gr. . . .	3	1	7
DEMI-ÉCU DE BERNE. Tit. 10 den. 12 gr. . . .	2	12	2
DEMI-ÉCU DE ZURICH. Tit. 9 den. 18 gr. . . .	2	9	0
DEMI-FLORIN D'ANSPACH. Tit. 8 den. 23 gr.	1	0	3
DEMI-FLORIN DE BADE-BADE. Tit. 8 den. 20 gr.	1	0	7
DEMI-FLORIN DE BAREITH. Tit. 9 den. . . .	1	0	5
DEMI-FLORIN DE COLOGNE. Tit. 8 den. 22 gr.	1	1	4
DEMI-FLORIN DE HONGRIE. Tit. 10 den. 12 gr.	1	7	2

DEMI-FLORIN DE

	livres	sols	deniers.
MAYENCE de 1672. Tit. 9 den. . . .	1	11	5
DEMI-FLORIN DE MON-FORT. Tit. 9 den. . . .	1	1	2
DEMI-KOPSTUCK DE BAVIERE. Tit. 6 den. 20 gr. . . .	0	16	4
DEMI-LEOPOLD DE LORRAINE ancien. Tit. 10 den. 23 gr. . . .	2	0	3
DEMI-LEOPOLD DE LORRAINE. de 1716. Tit. 9 den. 5 gr. . . .	1	7	6
DEMI-PIASTRE FORTE D'ESPAGNE avant 1727. Tit. 10 den. 22 gr. . . .	2	13	4
DEMI-PIASTRE DE FLORENCE de 1676. Tit. 11 den. 10 gr. . . .	3	4	6
DEMI-ROUBLE DE RUSSIE du prince Yvan. Tit. 9 den. 16 gr. . . .	2	2	11
DEMI-TESTON DE LORRAINE de 1666. Tit. 9 den.	0	13	11

DEMI-TESTON DE LOR-
RAINE de 1721. Tit. 9 den.
6 gr. 1 11 3

DENIER PARISIS , ainsi
nommé, parce qu'il fut fabriqué à Paris, sous le regne
de Philippe le Long; il valait
un quart de plus que le denier tournois. Tit. 4 den.
12 g. 0 1 9

DENIER TOURNOIS , est
à-peu-près de l'époque du
denier Parisis. Tit. 3 d. 18
g. 0 1 6

DENIER DE SAINT PIER-
RE : somme de trois cens
marcs d'argent, que les anciens rois d'Angleterre le-
vaient sur leurs sujets pour
en faire présent aux Papes ;
cette contribution humilian-
te, d'abord supprimée par
Henri VIII, ensuite rétablie
par Marie, n'a véritable-

ment été anéantie que de-
puis le regne d'Elizabeth. A
fuppofer le marc d'argent au
titre de 11 deniers, la do-
nation de l'Angleterre aux
Papes montait toutes les années, à une très-grande fom-
me pour ce tems. Tit. 11

	livres	fols	deniers.
den. 14701	5	0	
DOUBLE COURONNE DE DANNEMARK de Chriſtian IV. Tit. 10 den. 8 gr. . . .	7	0	3
DOUBLE COURONNE DE DANNEMARK de Chriſtian V. Tit. 9 den. 2 gr.	6	7	8
DOUBLE DUCATON DE MODENE. Tit. 11 den. 7 gr.	13	0	8
DOUBLE DUCATON DE PARME. Tit. 11 den. 8 gr.	13	0	3
DOUBLE ÉCU DE DANNEMARK fous Fréderic III. Tit. 10 den. 8 gr.	10	16	11

DOUBLE GENOVINE:

monnaie de Gênes de 1692. *livres sols deniers.*

Tit. 11 den. 10 gr. 15 18 11

DOUBLE GRIFFON : monnaie d'Allemagne, fabriquée en 1487. Tit. 11 den. 2 g. . 1 5 3

DOUBLE PRÉSENCE D'AIX-LA-CHAPELLE. Tit. 8 den. . . . 1 11 10

DOUBLE REAU : monnaie de Flandres de 1489. Tit. 11 den. 2 gr. . . . 1 7 5

DOUBLE TESTON DE LORRAINE de François III. Tit. 9 den. 3 gr. . . . 2 12 11

DOUBLE YZELOTE DE CONSTANTINOPLE sous Muftapha III. Tit. 6 den. 20 gr. . . . 3 13 3

DOUZAIN : monnaie Françaife, en ufage depuis François I jufqu'à Henri IV. Tit. 3 den. 12 g. . . . *0 3 3

DREYER DE TREVES de 1708. Tit. 4 den. 16 gr. 0 3 6

livres. fols deniers.

	livres	fols	deniers
DUBELTEYE DE HOLLANDE de 1717. Tit. 6 den. 16 gr.	0	3	1
DUCAT DE NAPLES de 1693. Tit. 10 den. 20 gr.	4	6	3
DUCAT DE NAPLES de 1715. Tit. 10 den. 21 gr.	4	5	6
DUCAT DE VENISE. Tit. 9 den. 19 gr.	4	0	7
DUCATON DE FRIBOURG. Tit. 10 den. 7 gr.	5	7	8
DUCATON DE LIEGE de 1667. Tit. 11 den. 1 gr.	6	9	7
DUCATON DE MILAN, frappé par ordre de Philippe, roi d'Espagne, en 1570. Tit. * 11 den. 5 gr.	*6	6	5
DUCATON DE MILAN de 1588. Tit. 11 den. 8 gr.	6	8	7
DUCATON DE MILAN du siecle dernier. Tit. 11 den. 9 gr.	6	12	10

	livres	sols	deniers.
DUCATON DE PARME de 1676. Tit. 11 den. 8 gr.	6	8	8
DUCATON DE PARME de 1589. Tit. 11 den. 6 gr. . . .	6	6	9
DUCATON DE PLAISANCE. Tit. 11 den. 7 gr. . . .	6	10	11
DUCATON DÉ ROME ancien. Tit. 10 den. 21 gr.	6	4	3
DUCATON ROMAIN d'Urbain VIII. Tit. 11 den. 18 gr. . . .	6	13	1
DUCATON ROMAIN d'Innocent XI. Tit. 10 den. 21 gr. . . .	6	4	10
DUCATON DE SAVOYE, de 1595. Tit. 11 den. 6 g. .	*6	6	8
DUE CRAZIE DE FLORENCE. Tit. 11 den. 8 gr. . . .	0	2	4
ECU DE BASLE de 9 au marc. Tit. 10 den. 2 gr...	5	2	0

Ecu de Berne. Tit. 10 den. 12 gr. . . . — livres sols deniers — 5 6 2

Ecu de Breme de 1650. Tit. 10 den. 18 gr. . . . 5 9 1

Ecu de Brunswick de 1654. Tit. 10 den. 13 gr. . . 5 10 5

Ecu de Convention de Baviere aux armes & à l'image. Tit. 9 den. 21 gr. 5 0 12

Ecu de Dannemark de Chriſtian IV. Tit. 10 den. 10 gr. 5 8 3

Ecu de Dannemark de Chriſtian IV, frappé à un autre époque du regne de ce prince. Tit. 10 den. 16 gr. . . . 5 8 3

Ecu de Dannemark de Chriſtian V. Tit. 10 den. 10 gr. . . . 5 8 8

Ecu de Dannemark de Fréderic III. Tit. 10 den. 9 gr. . . . 5 7 4

	livres	sols	deniers
ECU DE DANNEMARK de Fréderic III, fabriqué à une autre époque de son regne. Tit. 10 den. 12 gr.	5	9	8
ECU DE DANNEMARK sous Fréderic IV. Tit. 10 den. 14 gr. . . .	5	11	4
ECU ESPAGNOL de Philippe V de 1703. Tit. 10. den. 22 gr. . . .	6	9	4
ECU DE BANQUE DE GÊNES de 1712. Tit. 10 den. 23 gr. . . .	4	7	2
ECU DE HAMBOURG. Tit. 10 den. 14 gr. . . .	5	12	1
ECU DE LIEGE. Tit. 10 den. 8 gr. . . .	5	4	8
ECU DE LUCERNE de 1714. Tit. 10 den. 8 gr. ...	5	1	3
ECU DE MALTHE de 1730. Tit. 10 den. . . .	2	4	10
ECU DE PARMn. Tit. 8 den. 23 gr.	4	5	2

livres sols deniers.

Ecu de Plaisance de 1631. Tit. 8 den. 20 gr. . . . 4 8 9

Ecu de Ratisbonne de 1754. Tit. 9 den. 23 gr. 5 1 5

Ecu de S. Gal, ayant un ours pour empreinte. Tit. 10 den. 9 gr. . . . 5 4 6

Ecu de Zug de 1622. Tit. 10 den. 8 gr. . . . 5 5 13

Ecu de Zurich. Tit. 9 den. 18 gr. . . . 5 1 4

Ecu de 12 tarins Siciliens. Tit. 9 den. 22 gr. 4 18 4

Florette : monnaie Française du regne de Charles, V valant 16 deniers Parifis. Tit. 4 den. 12 g.. . . 1 8 0

Florin de Baviere. Tit. 9 den. 21 gr. . . . 2 3 8

Florin de Brandebourg de 1690. Tit. 8 den. 21 gr. . . . 2 15 1

livres sols deniers.

FLORIN DE BRANDE-
BOURG de 1704. Tit. 8 den.
21 gr. . . .   2 14 8

FLORIN DE BRUNSWICK
de 1697. Tit. 10 den. 13
gr. 2 19 4

FLORIN DE DRESDE de
1690. Tit. 9 den. 22 gr…   2 75 2

FLORIN DE SAXE de
1698. Tit. 8 den. 22 gr.   2 15 10

FLORIN D'UNDER-
WALD. Tit. 10 den. 3 gr…   2 10 8

FRANC : monnaie Fran-
çaise, frabriquée sous Henri III; il valait alors 20 sols,
& delà vint l'usage de donner le nom de *franc* à la livre : usage qui s'est conservé
encore aujourd'hui, quoique
le *franc*, s'il existait, ne pût
avoir la même valeur. Tit.
10 den. 10 gr. . . .   2 14 7

FRANCESCONE DE FLO·

RENCE de 1748. Tit. 10 ^{livres fols deniers.}
den. 22 gr. . . .   5 8 2

FUSIK : monnaie de Bra-
bant du 15ᵉ. fiecle , ayant
pour empreinte deux grif-
fons couronnés. Tit. 9 den.
13 gr. . . . *0 19 1

GEORGINE DE GÊNES
de 1725. Tit. 10 den. 8
gr. . . . 1 2 2

GRAND BLANC : mon-
naie Françaife du regne de
Charles VII. Tit. 9 den. . *0 8 1

GROS : monnaie Fran-
çaife du roi Jean. Tit. 6
den. . . . 0 6 8

GROS A LA COURONNE
fous Philippe de Valois. Tit.
10 den. 16 g. . . . 0 9 10

GROS A LA FLEUR DE LYS
du même regne. Tit. 6
den. 0 6 4

GROS BLANC : monnaie

Française sous le roi Jean.

livres sols deniers.

Tit. 4 den. 0 4 5

GROS ÉCU DE HESSE DARMSTAD de 1696. Tit. 10 den. 14 gr. . . . 5 17 10

GROS PARISIS : Voyez *Parisis.*

GROS TOURNOIS A L'O sous le roi Jean. Tit. ( ) . . *1 0 9

GROS TOURNOIS BLANC du même regne. Tit. 4 den. 8 gr. *0 4 5

GROS TOURNOIS de St. Louis. Tit. 11 den. 12 g. . 0 17 8

HARPE : monnaie Anglaise de Henri VIII. Tit. 9 den. 16 g. . . . *1 1 6

HUITIEME DE GENOVINE : monnaie de Gênes de 1699. Tit. 11 den. 10 g. 0 18 11

KOPSTUCK DE COLOGNE de 1722. Tit. 8 den. 20 gr. 0 14 10

KOPSTUCK DE COLOGNE

de 1735. Tit. 8 den. 20 livres sols deniers.

gr. 0 15 4

KOPSTUCK DU PALATI-
NAT de 1727. Tit. 8 den.
18 gr. 0 14¼ 3

LEOPOLD DE LORRAINE
de 1704 de 9 au marc. Tit.
10 den. 23 gr. . . . 5 8 5

LEOPOLD DE LORRAINE
de 1710 de 8 au marc. Tit.
10 den. 22 gr. . . . 6 1 7

LYRE DE FLORENCE de
1640. Tit. 11 den. 10 gr. . 0 16 9

NANTAIS : monnaie fa-
briquée à Nantes, & qui
avait cours fous St. Louis ;
on a donné 15 *nantais* pour
12 deniers tournois. Tit.
*3 den. 18 g. *0 1 2

NIQUET : monnaie Fran-
çaife fous Charles V. Tit. 11
d. 12 g. 1 1 4

OBOLE : petite monnaie
Françaife du 14ᵉ. fiecle, va-

	livres	sols	deniers.
lant la moitié d'un gros Tournois Tit. ( )	*0	10	4
PARISIS, fabriqué à Paris au 14e. fiecle. Tit. 11 den. 12 g.	1	1	4
PATAGON DE GENEVE de 1722. Tit. 10 den. 3 gr.	4	19	7
PATAQUE DE NAPLES, ou demi-ducat de 1707. Tit. 10 den. 21 gr.	2	2	10
PATINO ESPAGNOL ou piaftre forte. Tit. 10 den. 22 gr.	2	13	1
PETIT-BLANC, monnaie Françaife de Charles VI. Tit. 4 den.	*0	2	9
PETIT TOURNOIS : monnaie Françaife fous Philippe le Bel. Tit. 9 den. 12 g.	0	7	3
PEZA D'A OTTO DE FLO-RENCE de 1718. Tit. 10 den. 22 gr.	5	2	7

PHILIPPE DE MILAN

de 1676. Tit. 11 den. 8 livres fols deniers.
gr. . . . 5 13 6

PIASTRE DE CONSTAN-
TINOPLE fous Muftapha III.
Tit. 7 den. 2 gr. . . . 2 8 6

PIASTRE VIEILLE DU
MEXIQUE. Tit. 10 den.
20 gr. . . . 5 5 6

PIASTRE ANCIENNE DU
PÉROU, fabriquée fous Philippe I, roi d'Efpagne. Tit.
* 10 den. 21 g. . . 5 5 8

PIASTRE VIEILLE DU
PÉROU, poftérieure à celle
de Philippe I. Tit. 10 den.
21 gr. . . . 5 5 9

PIASTRE VIEILLE DU
PÉROU, fabriquée à une
autre époque. Tit. 10 den.
20 gr. . . . 5 6 9

PIECE DE BERNE de 1717.
Tit. 8 den. 22 gr. . . . 0 8 1

PIECE DE BESANÇON,

frappée fous Charles-Quint. _{livres fols deniers.}

Tit. 9 den. 16 g. *4 3 4

PIECE D'ÉCOSSE de Jacques IV. Tit. * 9 den. 16 gr. *4 3 4

PIECE ESPAGNOLE de Charles II, à l'effigie, de 1672. Tit. 11 den. . . . 3 2 1

PIECE ESPAGNOLE de Philippe IV, à l'effigie, de 1630. Tit. 11 den. 2 gr. . . 6 10 5

PIECE ESPAGNOLE de Philippe IV, à l'écuffon & à la croix couronnée, de 1636. Tit. 10 den. 9 gr. . . . 5 5 0

PIECE DE LUCERNE de 1714. Tit. 9 den. 2 gr. . . . 2 3 10

PIECE DE MAROC. Tit. 10 den. 18 gr. 0 3 1

PIECE DE SAINT-GAL de 1633. Tit. 8 den. 22 gr. 1 7 11

PIECE DE 4 PENNINGS;

	livres	fols	deniers.
monnaie Anglaife de 1619. Tit. 10 den. 22 gr.	0	7	2
PIECE DE 5 BATZ DE BERNE. Tit. 8 den. 22 gr.	0	15	4
PIECE DE 5 BATZ DE FRIBOURG de 1658. Tit. 8 den. 22 gr. . . .	0	15	5
PIECE DE 5 BATZ DE SOLEURE. Tit. 9 den. . . .	0	14	5
PIECE DE SIX BATZ ET DEMI DE FRIBOURG très-ancienne. Tit. 9 den. 4 gr.	1	9	2
PIECE DE 10 BATZ DE SOLEURE. Tit. 10 den.	1	9	2
PIECE DE 6 CARLINS DE SICILE. Tit. 10 deniers 20 gr. . . .	2	10	3
PIECE DE 12 CARLINS DE NAPLES de 1689. Tit. 10 den. 21 gr.	5	0	11
PIECE DE 12 CARLINS DE NAPLES de 1731. Tit. 10 den. 18 gr.	5	0	2

PICÉE DE 12 CARLINS

DE NAPLES de 1735. Tit.

livres fols deniers.

10 den. 18 gr. . . . 5 0 6

PIÈCE DE 13 CARLINS
DE NAPLES de 1684. Tit.
10 den. 21 gr. . . . 5 10 8

PIÈCE DE 10 CREUTZERS
DE FRIBOURG de 1709.
Tit. 8 den. 18 gr. . . . 0 7 1

PIÈCE DE 12 CREUTZERS
DE MAYENCE. Tit. 5 den.
18 gr. . . . 0 9 2

PIÈCE DE 30 CREUTZERS
DE SAINT-GAL. Tit. 9. den.
4 gr. 1 4 3

PIÈCE DE 13 GRAINS DE
NAPLES de 1685. Tit. 10
den. 20 gr. . . . 0 10 8

PIÈCE DE 24 GRAINS DE
NAPLES de 1689. Tit. 10
den. 20 gr. . . . 0 19 3

PIÈCE DE 26 GRAINS DE
NAPLES de 1680. Tit. 10
den. 21 gr. . . . 1 1 10

PIÈCE D'UN MARC DE

DANNEMARK de 1602. Tit.

	livres	fols	deniers.
6 den. 18 gr. . . .	0	19	8

PIECE D'UN MARC DE
DANNEMARK de Chriſtian
IV. Tit. 6 den. 22 gr. . .   0   19   6

PIECE D'UN MARC DE
DANNEMARK ſous Frede-
ric IV. Tit. 7 den. 12 gr.   0   14   7

PIECE D'UN MARC DE
HAMBOURG. Tit. 8 den.
23 gr.   .   .   .   1   9   9

PIECE DE DEUX MARCS
DE DANNEMARK de 1645.
Tit. 7 den.   .   .   .   1   6   2

PIECE DE 30 PARATS
DE CONSTANTINOPLE. Tit.
6 den. 16 gr. . . .   2   5   2

PIECE DE 40 PARATS
DE CONSTANTINOPLE. Tit.
6 den. 18 gr. . . .   3   0   2

PIECE DE QUATRE PEN-
NINGS , frappée en Angle-
terre en 1619. Tit. 10 den.
22 gr.   .   .   .   0   7   2

PIECE DE 6 PETERMONS DE TREVES. Tit. 8 den. 20 gr. 0 8 2

PIECE DE 2 SCHELLINGS de Chriſtian V. Tit. 7 den. 22 gr. 1 11 2

PIECE DE 24 SCHELLINGS DE DANNEMARK ſous Chriſtian VI. Tit. 6 den. 17 gr. . 1 2 2

PISE : monnaie que Charles VIII fit frapper en cette ville, après s'en être rendu maître ; la légende eſt ſingulicre. *Karolus Piſanorum liberator.* Tit. 10 den. 18 g. . 0 11 8

PLAQUE : monnaie Flamande, à laquelle Charles VII donna cours pour 15 deniers tournois. Tit. ( ). 1 2 6

PRÉSENCE D'AIX-LA-CHAPELLE. Tit. 6 den. 23 gr. 0 16 0

QUADRUPLE : écu de Dannemarck ſous Fréderic III. Tit. 10 den.   livres fols deniers.

12 gr.   .   .   .   16 11   4

QUART D'ÉCU DE FRANCE : il y a eu plufieurs monnaies de ce nom ; la plus connue, eft celle d'Henri III, qui valait encore 15 fols en 1641. Tit. 11 den. 1 15   2

QUART D'ÉCU DE LUCERNE. Tit. 10 den. 8 gr.   1 5   9

QUART DE GÉNOVINE : monnaie de Gênes de 1681. Tit. 11 den. 10 gr. .   .   .   1 12   0

QUART DE PHILIPPE DE MILAN. Tit. 11. den 9 gr.   1 8   7

QUARTO DI PEZA DE FLORENCE de 1697. Tit. 10 den. 22 gr.   .   .   .   1 5   3

RÉALE ESPAGNOLE aux colonnes, de 1724. Tit. 9 den. 21 gr.   .   .   .   0 6   3

RÉAL PATINO ou PEZETTE ESPAGNOLE DE

	livres	fols	deniers
QUATRE RÉALES. Tit. 9 den. 21 gr.	0	6	3
REISMARK DE DANNEMARK fous Chriftian IV. Tit. 6 den. 22 gr. . . .	0	19	11
RIDER D'ANGLETERRE, frappé fous Edouard VI. Tit. * 11 den.	6	2	6
RIDER DE GUELDRES, fabriqué en 1580. Tit. 10 den.	4	19	0
ROUBLE DE RUSSIE ancienne. Tit. 8 den. 20 gr.	4	9	1
ROUBLE DE RUSSIE de 1727. Tit. 8 den. 12 gr.	4	7	9
ROUBLE DE RUSSIE de 1733. Tit. 9 den. 13 gr.	4	5	7
ROUPIE DU MOGOL. Tit. 11 den. 10 gr. . . .	2	6	11
ROUPIE DE PERSE très-ancienne. Tit. 11 den. 18 gr.	2	9	0

ROUPIE DE PERSE fous

	livres	fols	deniers.
Ibrahim-Schah & Nader-Schah. Tit. 11 den. 14 gr.	4	16	9
ROUPIE DE PERSE fous Ferouk - Schah & Ifmaël-Schah. Tit. 11 den. 4 gr. .	2	5	9
ROUPIE DE PERSE fous Mehemet-Schah Sahabkaran. Tit. 11 den. 4 gr. . . .	2	5	8

SCHELLING ANGLAIS : monnaie, dont l'origine remonte au regne d'Edouard I ; le *fchelling* pefait alors trois gros & 48 grains ; il a été toujours en diminuant de poids, jufqu'à notre tems, où il ne pefe plus qu'un gros & 14 grains ; il ne s'agit ici que de celui d'Edouard I. Tit.

* 11 d.	2	16	1
SCHELLING DE HOLLANDE de 1601. Tit. 6 den. 20 gr. . . .	0	11	10

SCHELLING DE HOL-

LANDE de 1681. Tit. 6 den.

livres sols deniers.

16 gr. . . .   o 11   1

SCHELLING HOLLAN-
DAIS DE WESTFRISE de
1621. Tit. 5 den. 16 gr.   o 10 11

SCHELLING HOLLAN-
DAIS DE ZELANDE de 1614.
Tit. 6 den. 19 gr. . . .   o 11   3

SIXAIN : monnaie Fran-
çaife depuis Louis XI jufqu'à François I. Tit. 4 den.
12 g. . . . .   *o   4   7

SOL D'ARGENT : nous le
tenons des Romains ; fous
Charlemagne , il faifait la
vingtieme partie de la livre ,
qui était réelle , & du poids
de 12 onces Romaines ; or ,
la livre de Charlemagne étant
évaluée à 53 livres 9 fols
2 deniers, le *fol* fuit la même
proportion Tit. ( ) . . .   2 13   9

SOL PARISIS : c'eft le fol
d'argent de Charlemagne ,

livres fols deniers.

fabriqué à Paris au on-
zieme fiecle. Tit. ( ) . . *2 13 9

SOL STERLING : c'eſt le
ſchelling. Tit. * 11 den... 2 16 1

STETTINO DE FLO-
RENCE. Tit. 11 den. 10
gr. • • • 1 15 3

TARIN DE NAPLES
de 1699. Tit. 10 den. 22
gr. • • • • 0 17 3

TARIN DE NAPLES
de 1701. Tit. 10 den. 22
gr. • • • • 0 16 11

TARIN DE NAPLES
de 1716. Tit. 10 den. 20
gr. • • • 0 16 9

TESTON DE LOUIS XII :
monnaie Françaiſe qu'on a
imitée dans la ſuite en Suiſſe,
en Italie, & en Allemagne.
Tit. 11 den. 8 g. • • • 2 7 0

TESTON DE FRANÇOIS I :
il valait encore 20 ſols en
1641. Tit. 7 den. 10 g. . . *1 18 7

	livres	sols	deniers.
TESTON DE FLORENCE de 1575. Tit. 11 den. 8 gr.	1	18	4
TESTON DE LORRAINE de 1521. Tit. 9 deniers 8 gr.	0	7	4
TESTON DE LORRAINE de 1581, d'environ 29 au marc. Tit. 9 den. 5 gr.	1	8	3
TESTON DE LORRAINE de 1581. Tit. 9 den. 7 gr.	1	8	8
TESTON DE LORRAINE de Charles III. Tit. 11 den. 8 gr.	5	19	2
TESTON DE LORRAINE de Charles IV de 1669. Tit. 9 den. 2 gr. . . .	1	8	3
TESTON DE LORRAINE de Léopold I. Tit. 9 den. 4 gr. . . .	1	7	5
TESTON DE LORRAINE de 1704. Tit. 9 den. 6 gr. . . .	1	7	9

	livres	fols	deniers
TESTON DE LORRAINE de 1705. Tit. 9 den. 6 gr.	1	7	7
TESTON DE LORRAINE de 1720, de 13 au marc. Tit. 10 den. 18 gr. . . .	3	13	8
TESTON DE LORRAINE de 1723 & de 1736. Tit. 9 den. 3 gr.	1	6	9
TESTON DE LORRAINE de François III. Tit. 9 den. 3 gr.	1	6	5
TESTON DE PARME de 1687. Tit. 11 den. . . .	1	15	1
TESTON DE PORTUGAL de 1702. Tit. 10 den. 18 gr.	0	14	1
TESTON DE ROME. Tit. 10 den. 22 gr. . . .	1	13	4

TOISON D'ARGENT : monnaie d'un Philippe, Duc de Bourgogne, fabriquée en 1498 ; ce n'est que par des conjectures peut-être hasar-

dées qu'on peut suppofer
qu'on en taillait 25 dans le
marc. Tit. 11 den. 12 g. *2   0   11

TOLLERO DE FLORENCE de 1620. Tit. 10
den. 14 gr.   .   .   .   5   10   10

TOLLERO DE FLORENCE de 1707. Tit. 10
den. 22 gr.   .   .   .   5   2   6

TRIPLE COURONNE DE
DANNEMARK fous Fréderic V & Chriftian VI. Tit.
11 den. 19 gr.   .   .   .   9   13   4

VIEILLE HARPE:
monnaie Anglaife fous
Henri VIII. Tit. 9 den.
16 gr.   .   .   .   3   11   9

VIELLE : il y a eu beaucoup d'anciennes monnaies de
ce nom; il s'agit ici de celle
de Rome fous Paul III.
Tit. 9 den. 16 gr.   .   .   .   *1   10   3

VIZELINI DE RA-

GUSE. Tit. 6 den. 18 livres sols deniers.

gr. . . . 3 8 4

YZELOTE DE CONSTAN-TINOPLE très-ancien. Tit. 6 den. 15 gr. . . . 2 5 1

YZELOTE DE CONSTAN-TINOPLE fous Muftapha III. Tit. 7 den. . . . 1 17 8

TABLE

DES DIFFÉRENS SYSTÉMES

SUR L'AGE DU MONDE,

Calculée jufqu'à l'époque de 1780 (a).

CHALDÉENS : les mages de Babylone penfaient que le monde, tel qu'il eft, n'avait point eu de commencement, & n'aurait point

---

(*a*) Comme nous nous piquons de l'exactitude la plus fcrupuleufe, même dans l'expofition des fyftêmes de chronologie, nous obferverons d'abord, que nous avons fait évanouir de tous nos calculs, les fractions de mois; enfuite que nous avons été contraints d'ajouter toujours 4 ans à notre ere vulgaire; car il eft démontré par les ouvrages de Dion & de Jofephe, par les faftes confulaires & par les differtations des favans de l'Europe moderne, que la naiffance de J. C. eft antérieure de quatre

de fin (*a*); ainſi, ſuivant ce ſyſtême infenſé, le globe était . . . . ÉTERNEL

CELTES : ceux d'entre les Celtes, qui habitaient les Gaules, adoptaient l'opinion Chaldéenne, que leur enſeignaient les Druides (*b*) . . . . . *Id.*

OCELLUS LUCANUS (*c*) . *Id.*

PHERECYDE (*d*) . . *Id.*

XENOPHANE (*e*) . . *Id.*

ARISTÔTE (*f*). . . . *Id.*

, ans, à l'époque où on la place. Ainſi l'année où nous allons entrer, eſt vraiment l'année 1784, & nous ferons de ce principe, la baſe de toutes nos ſupputations.

Cette table eſt raifonnée juſqu'aux interpretes de la bible ; deìà on a ſuivi l'ordre alphabétique.

(*a*) Diod. Sicul. *hiſt. univerſ.* lib. 3.

(*b*) Strab. *géogr.* lib. 4.

(*c*) *De natura univerſ.*

(*d*) » Jupiter le tems & la terre ſont éternels « dit ce fameux maître de Pythagore. Diog. laert. *in Pherecyde.*

(*e*) Cicer. *quæſt. Académ.* Lib. 4.

(*f*) Cicer. *loc. citat.*

ÉTERNEL.

PLOTIN (*a*). . . . *Id.*

EPICURE : ce philofophe fe perfuadait que la matiere était éternelle, mais que fes formes fe modifiaient à l'infini ; fuivant cette idée, les globes qui roulent dans l'efpace, fe détruifent & fe reproduifent fans ceffe ; le hafard les plonge dans le néant, & le hafard les en retire. Epicure n'a pas ofé calculer dans fon hypothefe l'âge de notre terre : ainfi . . . . o

PHÉNICIENS : ils admettaient auffi une matiere éternelle & une forme variable ; notre monde a commencé à prendre une forme conftante au débrouillement du cahos ; mais les hiftoriens ne fixent point l'époque de ce débrouillement (*b*) : ainfi . . o

EGYPTIENS : fes philofophes

(*a*) *Ennead.* 5 lib. 8 , cap. 12.

(*b*) Voyez ci-devant le *fragment de Sanchoniaton.*

avaient adopté la théorie Phéni-
cienne fur la matiere, fur la forme
& fur le cahos (*a*) : ainfi . . o

Stoyciens : ils fuppofaient
avec prefque toute l'antiquité ,
que la matiere avait exifté de tout
tems ; mais que les mondes fujets à une foule de viciffitudes fe
renouvellaient à diverfes époques;
ils avaient calculé, par exemple,
que l'âge de la terre, avant fon re-
nouvellement, fe mefurait par la
marche des aftres dans le ciel, jufqu'à ce qu'ils revinffent au même
point, d'où ils étaient partis; c'eft
ce qu'ils appellaient la période de
la grande année. Les difciples de
Zenon ajoutaient à cette théorie
une rêverie philofophique affez
finguliere; c'eft qu'à chaque renou-
vellement, les mondes & les êtres
qui les habitent, paffaient par des

***

(*a*) Hérod. lib. 1 , Héfiode, *Théogon.* &c.

cercles d'événemens entiérement semblables (*a*); ainsi dans des myriades de siecles, quand notre globe se renouvellera, on verra encore aux mêmes époques, Troye prise par les Grecs, un calife Omar, qui brûlera la bibliotheque des Ptolemées, & des philosophes qui précisément en 1779, feront à Paris une seconde *histoire des hommes*. — Les Stoyciens n'ont pas évalué la durée de la grande année de la terre : ainsi . . . o

PLATON : il croyait à la grande année, mais non à celle des Stoyciens. Suivant ce philosophe, à chaque période tout retrograde : les astres se levent à l'Occident, & se couchent à l'Orient, & les hommes recommencent à vivre par la vieillesse, pour mourir ensuite dans l'enfance (*b*). — L'âge

____

(*a*) St. August. *de civit. dei.* lib. 12, cap. 13.
(*b*) Plat. *in politic.*

du monde, dans chaque période, n'a point été déterminée : ainsi . o

MACROBE : cet écrivain semble le seul, qui ait fixé à quinze mille ans, la durée de la grande année de notre planete, & il donne son opinion comme celle d'un grand nombre de physiciens de l'antiquité (*a*) ; mais comme Macrobe n'a point marqué à quelle année de ces cent cinquante siecles il écrivait, nous ignorons quel est l'âge de la terre dans ce systême : ainsi . . . . . ☉

SPINOSA : il admet l'éternité de la matiere & les vicissitudes de ses formes, mais non le cahos de Sanchoniaton, ni la grande année de Macrobe (*b*); il a été suivi par tous les Athées modernes, & en particulier, par l'auteur du *systême de la nature*. Cette opinion ne comporte point de chronologie : ainsi o

(*a*) De *Somn. Scipion.* lib. 2.
(*b*) *Tract. Theol. polit. Opera posthuma.* &c.

BRAMES DE L'INDOS-
TAN : ils admettent jufqu'à
ce moment, quatre âges
dans l'exiftence de la terre;
l'un qui a duré 1728000
ans, où les hommes d'une
taille coloffale vivaient
quatre fiecles ; le fecond
où ils n'en vivaient déja
plus que trois, & qui a
duré 1296000 ans ; le
troifieme dont l'intervalle
a été de 8064000 ans, &
où la vie était bornée à
deux fiecles ; enfin le quatrieme qui eft le nôtre,
& où il s'eft déja écoulé
4027200 ans (a).——. La
réunion de tous ces cal-
culs, fixe l'âge du monde
à   .   .   . 15 - 115 - 200

(a) *Lettres édifiantes*. tome X. pag. 33.

ASTRONOMES DE BA-
BYLONE : ils avaient, dit-
on, du tems de Berofe, des
obfervations qui remon-
taient à quinze mille fiecles
(*a*); or Berofe était con-
temporain d'Alexandre;
ainfi en ajoutant à cette
période 2092 ans , on
trouve quelqu'approxi-
mation entre cette .ere
& celle des Brames de
l'Indoftan; ce qui con-
firme nos idées fur une
aftronomie Atlantique an-
térieure à celle de Baby-
lone.— Les 2092 ans qui
fe font écoulés depuis le
milieu de la vie d'A-
lexandre jufqu'à nous,
ajoutés aux quinze mille
fiecles de Berofe, donnent

______

(*a*) Syncell. pag. 17, 28, 30 & 38.

à l'âge du monde, dans cette singuliere hypothese 15 - 002 - 092

PRÊTRES DE L'EGYPTE: ils disaient fiérement, que leur petite contrée marécageuse & mal-saine était aussi ancienne que le monde, & avait été gouvernée pendant plusieurs millions d'années par les dieux, avant de l'être par des Pharaons. Contentons-nous ici de deux millions, ajoutons-y les 13000 ans des annales Egyptiennes, dont Pomponius Mela était convaincu de la certitude (a), & les 1760, qui se sont écoulés, peut-être, depuis Mela jusqu'à nous, & nous trouverons pour l'âge du monde, dans

____

(a) *De situ orbis*. lib. 1, cap. 9.

le calcul des Prêtres de
Memphis .   .   . 2=014-760

M. DE BUFFON : on
doit à cet homme célebre
un roman philofophique
fur l'âge du monde, ro-
man plus ingénieux en-
core que celui de Pla-
ton, & qui a trouvé des
enthoufiaftes, jufques dans
le vulgaire favant (a) ; ce
philofophe a imaginé, dans
fon cabinet, qu'une co-
mete dans fon périhelie
fillonna la furface du
foleil, & projetta hors de
lui la fix cent cinquan-
tieme partie de fa maffe,
c'eft-à-dire, les planettes
de notre fyftême : la terre,

(*a*) Ce conte de Micromegas fe trouve avec
toutes les fables acceffoires, dans les tomes IV &
IX des Supplémens à *l'Hiftoire naturelle.*

le feul de ces mondes, qui doit nous occuper ici, put, dit-il, exister fous une forme folide à fa furface, il y a jufte 74836 ans. Sur cet intervalle, il s'en écoula 2936, avant que la maffe entiere de notre planette fut confolidée jufqu'au centre ; alors elle brillait de fa propre lumiere; cette furface profphorique difparut enfuite; mais le globe réduit à une chaleur obfcure, refta encore embrafé 33047 ans. Si l'on déduit ces deux nombres des 74836 ans, on en trouve 38853, époque précife de la naiffance de la nature organifée ; cette nature ira toujours en s'affaibliffant encore 93283 ans; ce terme fera l'époque de fon impuiffance totale; ainfi la durée abfolue des êtres organifés fur la terre, fera de 132136 ans. Comme, dans une hiftoire des hommes, l'âge du

globe ne nous intéresse qu'à da-
ter de l'époque, où la nature s'y
organise, nous le fixerons ici à   38853

LA BIBLE, SUIVANT UNE CO-
PIE DU TEXTE HÉBREU, fixe
l'âge du monde à   .   .   .   5724

LA BIBLE, SUIVANT UNE AU-
TRE COPIE DU TEXTE HÉBREU,
à   5891

LA BIBLE, SUIVANT UNE CO-
PIE DU TEXTE SAMARITAIN, à   6085

LA BIBLE, SUIVANT UNE AU-
TRE COPIE DU TEXTE SAMARI-
TAIN, à   6204

LA BIBLE, SUIVANT UNE CO-
PIE DU TEXTE DES SEPTANTE, à   7050

LA BIBLE, SUIVANT UNE AU-
TRE COPIE DU TEXTE DES SEP-
TANTE, à   7288

ALPHONSE, ROI DE CASTILLE,
interpréte de la Bible (a)   .   .   .   8764

(a) Tous les écrivains qu'on cite ici, jusqu'à
la fin de la table, sont des interpretes de la Bi-

ble ; Fabricius , *bibliograph. antiq.* compte 140 opinions différentes de ces interpretes fur l'âge du monde , & dés Vignoles *chronolog. de l'hift. fainte* deux cens ; on ne rapporte que les principales , les autres font inutiles dans une hiftoire des hommes.

Il y a plufieurs des fyftêmes qu'on va expofer dans le livre 4 , du *breviar. chronolog.* de Strauchius , & dans le premier livre de *l'hiftoire du monde* de Chevreau.

TABLE

DES EPOQUES

ET DES

ERES CHRONOLOGIQUES,

Qui servent de fondement à l'histoire.

	ans.
Ere de Brama : les Indiens s'imaginent, que ce dieu naquit au commencement du premier âge du monde, c'est-à-dire, il y a...	15.115-200
Epoque de la nature organisée sur notre globe, suivant le roman philosophique de M. de Buffon, il y a juste...	38-853

Epoque de la créa-
tion du monde, suivant la

Bible { Texte Hébreu . . . 5724 }
{ Texte Samaritain .. 6085 }
{ Version des Septante 7050 }

Epoque du déluge de Noé,
suivant la Bible; Moyse a fait
entendre, qu'il arriva 1656 ans,
après la création du monde ;
ainsi nous pouvons compter

suivant { le texte Hébreu . . . 4068 }
{ le texte Samaritain .. 4429 }
{ la version des Septante 5394 }

Epoque des observa-
tions astronomiques de
Callisthene : ce philosophe
envoya de Babylone à Aristote
un recueil d'observations Chal-
déennes, qui remontaient à
1904 ans : c'est-à-dire, à 2230
ans avant notre ere vulgaire (a);

(a) Simplicius, *commentar. in Aristot. de cœlo*
11, fol. 81.

cette époque eſt un des plus
authentiques de l'aſtronomie
& de l'hiſtoire, elle ſe fixe à   4010

EPOQUE DE L'ÉTABLISSE-
SEMENT DU ROYAUME D'A-
THENES, OU ERE DES MAR-
BRES DE PAROS ; c'eſt une des
baſes les plus ſúres de l'hiſ-
toire ; ſuivant ce monument,
Cecrops commença à regner
dans Athenes, il y a . . .   3362

EPOQUE DE LA FONDATION
DE THEBES PAR CADMUS :
elle eſt appuyée auſſi ſur les
marbres, & n'eſt poſtérieure
à la précédente que de 63 ans,
ainſi elle remonte à . . .   3299

EPOQUE DU DÉLUGE D'O-
GYGES : c'eſt le tems de la ci-
viliſation de la Grèce ; mais il
eſt difficile de la fixer avec préciſion, à cauſe des calculs différens de trois célebres chro-

nologistes; car elle remonte

suivant { Varron à . . . . 3156 }
{ le P. Petau à . . . 3549 }
{ Simson à . . . 4024 }

ÉPOQUE DE LA PRISE DE TROYE : cette époque que les poëtes & les orateurs de l'antiquité ont rendue si célebre, était vague avant la découverte des marbres; la plupart des historiens de l'antiquité la rapprochaient de nous de 23 ans; aujourd'hui le monument authentique de Paros nous apprend à la fixer à . . . 2989

ÉPOQUE DE LA FONDATION DU TEMPLE DE SALAMON : il paraît par les livres sacrés des Juifs, que ce prince éleva ce monument la 4e. année de son regne, qui concourt à peu-près avec l'an 1015 avant l'Ere vulgaire ; ainsi nous pouvons compter de cette époque... 2795

EPOQUE D'HOMERE : le tems où ce pere des poëtes fleurit, est fixé par les marbres environ 300 ans, après la prise de cette Troye qu'il a si bien chantée ; ainsi on compte... 2687

ERE DES OLYMPIADES : les jeux olympiques d'où cette Ere tire son nom, & qui se célebraient tous les quatre ans, remontent, s'il faut en croire quelques historiens Grecs, jusqu'à Pelops, fils de Tantale, qui les institua, il y a environ trente & un siecles ; ils furent abandonnés : & rétablis, d'abord par l'Hercule Grec, ensuite par un Iphitus, prince de l'Elide ; mais on n'a vraiment commencé à faire servir les Olympiades d'époque à l'histoire, que 776 ans avant notre ere vulgaire ; c'est de cette

premiere Olympiade que da-
tent les Thucydide, les Xenophon, les Diodore & les écrivains les plus véridiques de
l'antiquité ; & c'eft alors que
commencent à fe diffiper les
ténebres de l'hiftoire (*a*).
Nous compterons donc de cette
année 1780, à la premiere année de cette olympiade 2556

ERE DE LA FONDATION DE
ROME : les chronologiftes ne
s'accordent point fur cette
grande époque ; celui qui mérite le plus de fixer notre at-
tention, à cet égard, eft Varron,
fuivant le fyftême duquel il

(*a*) Les chronologiftes qui mettent de l'exactitude dans les plus petits détails, ont eu foin
d'obferver que la premiere Olympiade ne commençait qu'à la nouvelle lune la plus voifine
du folftice de l'été, c'eft-à-dire, le 21 ou le
22 de notre mois de Juin.

s'eſt écoulé déja . . . 2533

mais les faſtes du capitole rapprochent de nous cette époque d'un an ; ainſi il faut compter 2532

ERE DE NABONASSAR : il
eſt bien étonnant qu'on faſſe
ſervir d'époque à l'hiſtoire, le
regne d'un inſenſé, qui chercha à détruire tous ſes monumens, à moins qu'on ne veuille
déſigner la priſe de Babylone
par ce prince, qui arriva, il y
a environ . . . 2527

EPOQUE DE L'ÉTABLISSE-
MENT DES ARCHONTÈS AN-
NUELS D'ATHENES : on la
doit à la chronologie des marbres de Paros ; le premier Ar-
chonte d'Athenes gouverna ſa
patrie, il y a . . . 2464

EPOQUE DE LA FONDATION
DE L'EMPIRE DES PERSES PAR
CYRUS : il y a . . . 2316

ÉPOQUE DE ROME RÉPU-
BLIQUE, qui donne naissance
aux fastes consulaires, une des
bases les plus sûres de notre
chronologie. Brutus abolit la
royauté dans Rome, il y a   2289

ÉPOQUE DE LA GUERRE DU
PELOPONESE : elle dura 28
ans, & commença il y a . . .   2211

ÉPOQUE DU REGNE D'A-
LEXANDRE : ce conquérant
monta sur le trône de Macedoi-
ne, la premiere année de la cent
onzieme Olympiade, c'est-à-
dire, il y a   .   .   .   2116

ERE DES SELEUCIDES : les
Grecs en ont fait un grand usage;
elle commençait douze ans
après la mort d'Alexandre, à
l'époque des premieres conquêtes de Seleucus Nicator,
dans cette partie de l'Orient,
qui forma depuis le vaste empire de Syrie ; les Juifs assu-

jettis à la domination des Seleucides, l'appellerent *l'ere des
contracts*, parce qu'ils l'employaient dans les actes ci-
vils; on compte depuis cette
époque 2092

ÉPOQUE DE LA RUINE DE
CARTHAGE : elle amena l'esclavage du monde; Scipion dé-
truifit cette ville, il y a . . . 1926

ERE DE TYR : cette époque
fut inftituée, en reconnaiffance
du fervice que rendit un roi
de Syrie aux Tyriens, en leur
accordant l'autonomie, ou la
liberté de fe gouverner par leurs
propres loix. Il nous refte beaucoup de médailles, qui confta-
tent cette époque; on peut la
fixer à , . . . 1905

ERE JULIENNE OU DE JU-
LES CÉSAR : c'eft l'époque de
la réformation du calendrier,
faite par Jules Céfar; on la

doit aux lumieres de l'aftronome Sofigene ; on compte depuis la premiere année de cette
période . . . 1825

ERE D'ESPAGNE : elle a commencé à la conquête de l'Efpagne par les Romains, 39 ans
avant notre ere vulgaire ; on
en fit ufage long-tems en Efpagne, en Afrique, & dans
une partie des Gaules ; on peut
compter de cette époque . . . 1819

EPOQUE DE LA BATAILLE
D'ACTIUM : c'eft celle de la
fondation de l'empire Romain,
elle tombe à l'an . . . 1811

ERE VULGAIRE : c'eft l'é-
poque de la naiffance de Jefus-
Chrift ; on ne commença à
s'en fervir que dans le fixieme
fiecle ; c'eft Denys le Petit qui
l'introduifit en Europe ; encore
fe trompa-t-il de 4 ans, comme
il eft démontré par le mo-

nument des faftes confulaires ;
quoique cette erreur de Denys le Petit ait été accréditée
par une croyance de 9 fiecles, il
ne faut point l'adopter dans
les tables d'une hiftoire des
hommes : ainfi nous compterons depuis la premiere année
de l'Ere vulgaire .   . 1784

ERE DE DIOCLÉTIEN , ima-
ginée par des aftronomes d'A-
lexandrie , qui avaient réformé
l'ancien calendrier Egyptien ,
& qui voulaient lui donner
la régularité de celui de Jules
Céfar ; on appella dans la fuite
cette Ere aftronomique l'*Ere
des martyrs* , quoiqu'il ne
foit rien moins que prouvé
que Dioclétien ait fait des
martyrs ; Dioclétien monta fur
le trône de Céfar , il y a précifément   .   .   . 1500

ERE DE CHARLEMAGNE :

elle commence au couronne-
ment de ce prince, qui fe fit
à Rome, & paraît d'autant
plus intéreffante pour les modernes, que c'eft à-peu-près l'é-
poque de l'origine de leurs monarchies. Charlemagne fut couronné il y a 984

ERE DE L'HEGIRE : elle a
pour époque, le jour que Mahomet s'enfuit de la Mecque
pour fe rendre à Medine ; les
aftronomes ont calculé que c'é-
tait le 15 Juillet de l'an 622
de notre Ere, qui répond a
l'année 626 ; cette Ere de
l'Hegire eft en ufage fur un
tiers du monde connu ; mais il
eft difficile de concilier les années qui la compofent avec les
nôtres, parce que ces années
Mahométan s font lunaires,
& par conféquent plus courtes

de onze jours que les années
folaires. Mahomet s'enfuit de
la Mecque il y a 1162

ERE D'ISDEGERDE : l'avé-
nement d'un Ifdegerde III,
roi de Perfe, concourt avec
une réforme faite par les aftronomes de l'Orient dans leur
calendrier : elle a été fuivie
pendant plus de quatre fiecles
par les Perfans : elle commença il y a, . . . 1152

ERE GELALEËNE : comme
les années de l'Ere l'Ifdegerde
étaient auffi vagues que celles
de l'Ere de Nabonaffar , un
Sultan du Khorafan, nommé
Gelaleddin , forma un confeil
de 8 aftronomes & la réforma ;
l'Ere qu'il y fubftitua, fut appellée de fon nom Gelalèene,
& la Perfe l'adopta : on compte
depuis cette époque . . . 705

Epoque du regne de Ro-
dolphe d'Hapsbourg ; c'eſt
alors que tous les trônes de
l'Europe moderne s'affermi-
rent, & ſur-tout celui des empereurs d'Allemagne. Rodol-
phe, chef de la Maiſon d'Autriche, commença à regner
il y a 511

Epoque de la décou-
verte du nouveau monde :
elle changea la face de l'Europe. Le Génois Colombo
découvrit l'Amérique, non
pour lui ni pour ſa patrie, mais
pour les Eſpagnols, & par
une biſarrerie non moins ſin-
guliere, ce fut le Florentin
Améric-Veſpuce, qui y ayant
abordé quatre ans après, lui
donna ſon nom : la deſcente de
Colombo au nouveau monde,
remonte il y a . . . 292

Epoque de l'avéne-
ment de la raison
en Europe : elle ne re-
monte qu'au tems où fleu-
riffait Montagne. Ce philofophe publia les deux premiers livres de fes *effais* il
y a 204

TABLE
DES ANCIENNES
ÉCLIPSES *(a)*.

LE calcul des éclipses eft   ans,
devenu une des bafes de la chronologie; on lie par ce moyen
l'hiftoire du ciel avec celle de
la terre, & il en réfulte pour
toutes deux la plus grande au-
thenticité.

On ne conduit ce calcul d'é-
clipfes, que jufqu'à la premiere

(*a*) Elles ont été raffemblées par l'Abbé Lenglet du Frefnoy : on les trouve dans fes *tablettes
chronologiques*. Notre travail s'eft borné à faire
un choix des éclipfes les plus importantes , à ana-
lyfer les tables qui nous fervent de modele, &
à les rectifier.

année de l'Ere vulgaire, parce qu'à cette époque, la date des faits est moins incertaine, & que les historiens n'ont pas besoin d'être rectifiés par les astronomes.

ECLIPSE CENTRALE DU SOLEIL, calculée à la Chine 2155 ans avant notre Ere vulgaire, & reconnue par nos astronomes : il s'est écoulé depuis cette époque . . . 3935

ECLIPSE DE SOLEIL, observée à la Chine, & dont il est parlé dans les ouvrages de Cong-Fut-Sée : elle concourt avec la premiere année de l'Ere célebre des Olympiades : ainsi nous pouvons compter de cette époque 2556

ECLIPSE TOTALE DU SOLEIL, qui précéda l'année de la naissance de Romulus ; il en est parlé dans Plutarque, dans

Cicéron, & dans Denys d'Halicarnaſſe ; on croit qu'elle arriva le 24 Juin à neuf heures du matin, mais qu'elle ne fut viſible qu'en Egypte, ou à Babylone ; on compte de cette éclipſe . . . 2552

ECLIPSE DE SOLEIL obſervée, ſuivant Plutarque, la premiere année de la fondation de Rome, le cinq Juillet de l'année Julienne , à quatre heures & demi après midi ; ſa grandeur fut de près de quatre doigts ; on la fixe à l'an 753, avant notre Ere, ainſi . . . 2533

ECLIPSE TOTALE DE LUNE, obſervée à Babylone, une heure après le lever de cette planette, le 19 Mars de l'an 721, avant notre Ere vulgaire ; elle ſert à fixer l'Ere de Nabonaſſar, ainſi . . . 2501

ECLIPSE DE SOLEIL le 30

Juillet de l'an 607 avant l'Ere vulgaire (*a*) : elle arriva à 10 heures 17 minutes du matin, & fut visible en Lydie ; on en a conclu que c'était la fameuse éclipse totale, dont parle Hérodote, qui mit fin au combat livré entre Haliatte, roi de Lydie, & Cyaxare, roi des Medes, & qui avait été prédite par le Philosophe Thales ; mais comme elle ne fut que de cinq doigts 40 minutes pour la Lydie, on ne peut la prendre pour celle d'Hérodote ... 2387

ECLIPSE DE SOLEIL le 9 Juillet de l'an 597 ; le P. Petau l'a crue de dix doigts & demi ; l'abbé Lenglet pense que cette éclipse fut celle d'Hé-

---

(*a*) Les premieres dates de ces éclipses jusqu'à la fin de la table, désigneront toujours l'intervalle qu'on compte avant l'Ere vulgaire.

ECLIPSE TOTALE DE LUNE le 9 Octobre de l'an 425; Aristophane en parle dans sa farce des nuées qui prépara la mort de Socrate . . . 2205

ECLIPSE TOTALE DE LUNE le 15 Avril de l'an 406; Xenophon en parle, & elle concourt avec l'époque de l'incendie du temple de Minerve dans Athenes . . . 2186

ECLIPSE DE SOLEIL le 14 Août de l'an 394; sa grandeur fut de onze doigts; c'est l'époque de la victoire navale remportée sur les Perses, près de Gnide, par Conon, amiral des Grecs 2174

ECLIPSE DE SOLEIL, arrivée le 13 Septembre de l'an 344; elle fut visible à Rome sous le consulat de Martius Rutilus, & de Manlius Torquatus&, concourt suivant Tite-

Live, avec la dédicace d'un temple de Junon 2124

ECLIPSE TOTALE DE LUNE, observée la nuit du 20 au 21 Septembre de l'an 331; sa grandeur fut de 14 doigts 17 minutes, elle arriva onze jours avant la fameuse bataille d'Arbelles . . . 2111

ECLIPSE DE SOLEIL, arrivée à Syracuse le 15 Août 310; sa grandeur fut de 11 doigts 10 minutes, elle concourt avec la descente d'Agathocle en Afrique . . . 2090

ECLIPSE TOTALE DE LUNE, prédite par Sulpicius Gallus, le premier des astronomes Romains, & observée en Macédoine le 21 Juin de l'an 168 : elle arriva la veille de la défaite de Persée par Paul-Emile 1948

ECLIPSE DE LUNE, visible

à Athenes la nuit du 5 Novembre 129, dont la grandeur
fut de 7 doigts 54 minutes,
& qui servit d'époque à la mort
du philosophe Carneade. . . .   1909

Eclipse de soleil, ob-
servée dans l'Italie le 7 Mars
de l'an 50, à 21 minutes après-
midi : sa grandeur fut de 10
doigts & demi, ainsi elle fut
presque totale : elle concourt
avec le passage du Rubicon par
Jules César.   .   .   .   1830

Eclipse de soleil, qu'on
peut rapporter avec quelque
probabilité à l'an 44, quoiqu'elle n'ait pas été calculée
exactement par les astronomes:
elle sert d'époque à la mort
de Jules César   .   .   .   1824

Eclipse de soleil, le 20
Août de l'an 31 : elle fut peu
visible à Rome, & arriva 14
jours avant la bataille d'Ac-

tium : époque de la deftruction
de la république Romaine ... 1811

ECLIPSE DE LUNE, la nuit
du 12 Mars au 13 Mars de l'an
4; Ufferius & le P. Petau
penfent, que c'eft celle qui,
fuivant Jofephe, fervit d'époque à la mort d'Hérode; ainfi
elle tombe la premiere année
de l'Ere vulgaire, & il s'eft
écoulé depuis cette éclipfe, malgré le préjugé de l'Europe ... 1784

TABLE

CHRONOLOGIQUE

DE L'HISTOIRE DES HÉBREUX,

JUSQU'A LEUR ÉPOQUE DU DÉLUGE.

Nous avons déja obfervé, que le refpect pour une hiftoire qui fert de bafe à la réligion de l'Europe, nous avait empéché de traiter les annales des Hébreux ; comme il n'eft pas permis à la raifon humaine de changer un feul mot dans un livre infpiré, il eft plus fimple de renvoyer au Pantateuque, que d'en faire une copie fervile, ou une analyfe infidelle.

Cependant, voyant qu'on pourrait en conclure, que notre hiftoire des hommes n'eft pas aufli complette que les hiftoires univerfelles vulgaires, nous nous fommes déterminés à fuppléer à notre filence réligieux par des tables. Celle-ci renferme les annales Juives, depuis Adam jufqu'au déluge ; quand nous arriverons à l'époque de l'Ere vulgaire, nous en donnerons une autre plus détaillée, qui embraffera l'hiftoire du peuple de dieu, depuis le déluge, jufqu'à la deftruction de Jérufalem par Vefpafien.

Année I, suivant la bible (a).

Dieu met fix jours à créer l'univers.

Le premier, il forme le ciel, la terre & la lumiere.

Le fecond, il place le firmament au milieu des eaux.

(a) L'embarras de calculer toujours les années du monde, fuivant les différences des trois textes du Pantateuque, nous a engagé à adopter ici le fyftême moyen du plus grand nombre des chronologiftes ; au refte, les principes font pofés, & on peut, foit concilier les différences, foit rapporter les époques de l'ancienne hiftoire Juive, à notre année 1784, avec une fimple regle d'arithmétique.

Le troisieme, il assigne des limites à la mer, & rend la terre propre à la végétation.

Le quatrieme, il crée le soleil pour présider au jour, & la lune pour présider à la nuit : ce jour est aussi l'époque de la création des étoiles.

Le cinquieme, il organise les oiseaux & les poissons.

Le sixieme, il forme les quadrupedes, les reptiles & tous les animaux dont la terre est l'élement; ensuite il crée l'homme à sa ressemblance, tire d'une côte d'Adam endormi, Eve sa compagne & son épouse, & donne à ce couple primitif l'empire sur la nature.

Le septieme, il se repose.

Adam & Eve cultivent quelque tems avec innocence, le grand jardin d'Eden, ainsi que dieu le leur avait ordonné ; mais le serpent tente la femme, l'engage à manger du fruit de l'arbre de vie contre la volonté expresse de dieu : Adam se laisse séduire à son tour par son épouse.

Alors le créateur les maudit, les chasse du paradis terrestre, & les dévoue au crime, aux maladies & à la mort, jusqu'à leur derniere postérité.

L'an 2.

Naissance de Caïn ; quand il est en âge de raison, il s'applique à l'agriculture.

L'an 3.

Naissance d'Abel ; la vie pastorale a pour lui des charmes ; les Hébreux le regardent comme le patriarche des peuples Pasteurs.

L'an 129.

Caïn jaloux de ce que les sacrifices de son frere Abel étaient plus agréables au ciel que les siens, le tue en trahison ; il est maudit, il erre dans l'Asie, & un signe que dieu lui a imprimé sur le front, empêche, qu'il ne s'éleve des vengeurs qui l'assassinent à son tour.

L'an 130.

Adam donne naiſſance à Seth, dont la filiation tient la premiere place dans l'arbre généalogique des Hébreux.

L'an 235.

Seth, âgé de 105 ans, devient pere d'E-nos; ce dernier releva le culte du vrai dieu, qui s'était altéré dans la famille de Caïn.

L'an 930.

Mort d'Adam.

L'an 987.

Henoch, un des deſcendans de Seth, qui toute ſa vie avait marché avec dieu, à l'âge de 365 ans eſt enlevé dans le ciel & diſparaît.

L'an 1056,

Lamech, âgé de 182 ans, donne naiſ-fance à Noë.

L'an 1536.

Pendant la vie de Noë, les crimes se multiplierent sur la terre : les fils de dieu eurent commerce avec les filles des hommes, & il en naquit des géans ; dieu dit à Noë, qu'il se répentait d'avoir fait l'homme ; il menaça de l'exterminer, & donna au patriarche les dimensions de l'arche pour le dérober au déluge.

L'an 1556.

Noë engendre Sem, Cham & Japhet, il avait alors 500 ans.

L'an 1656.

Noë avait employé 120 ans à la consftruction de son arche, qui avait trois cens coudées de long, cinquante de large, & trente de hauteur ; il y fit entrer suivant l'ordre de dieu, toute sa famille, avec une couple de tous les animaux de chaque espèce, & les provisions destinées à les nourrir; alors les sources du grand abîme furent rompues, les cataractes du ciel s'ouvrirent; il plut sur la terre quarante jours & quarante nuits, & l'eau surpassa de quinze coudées, c'est-à-dire, de vingt-sept pieds six pouces trois lignes, le sommet du Caucase & des Cordillieres.

Cette grande catastrophe du globe arriva, suivant les uns, le 19 Avril, & suivant d'autres, le 25 de Novembre.

Ce ne fut que le premier jour du dixieme mois, que les eaux s'écoulerent assez, pour qu'on commençât à appercevoir le pic des montagnes.

Deux mois après, la terre se trouva entiérement seche, & il ne resta ainsi aucune trace du déluge.

Fin des Tables pour l'intelligence de l'histoire des hommes.

I

TABLE

DES CHAPITRES

DU TOME TROISIEME

DE

L'HISTOIRE ANCIENNE.

Fin de la Table des Chapitres.

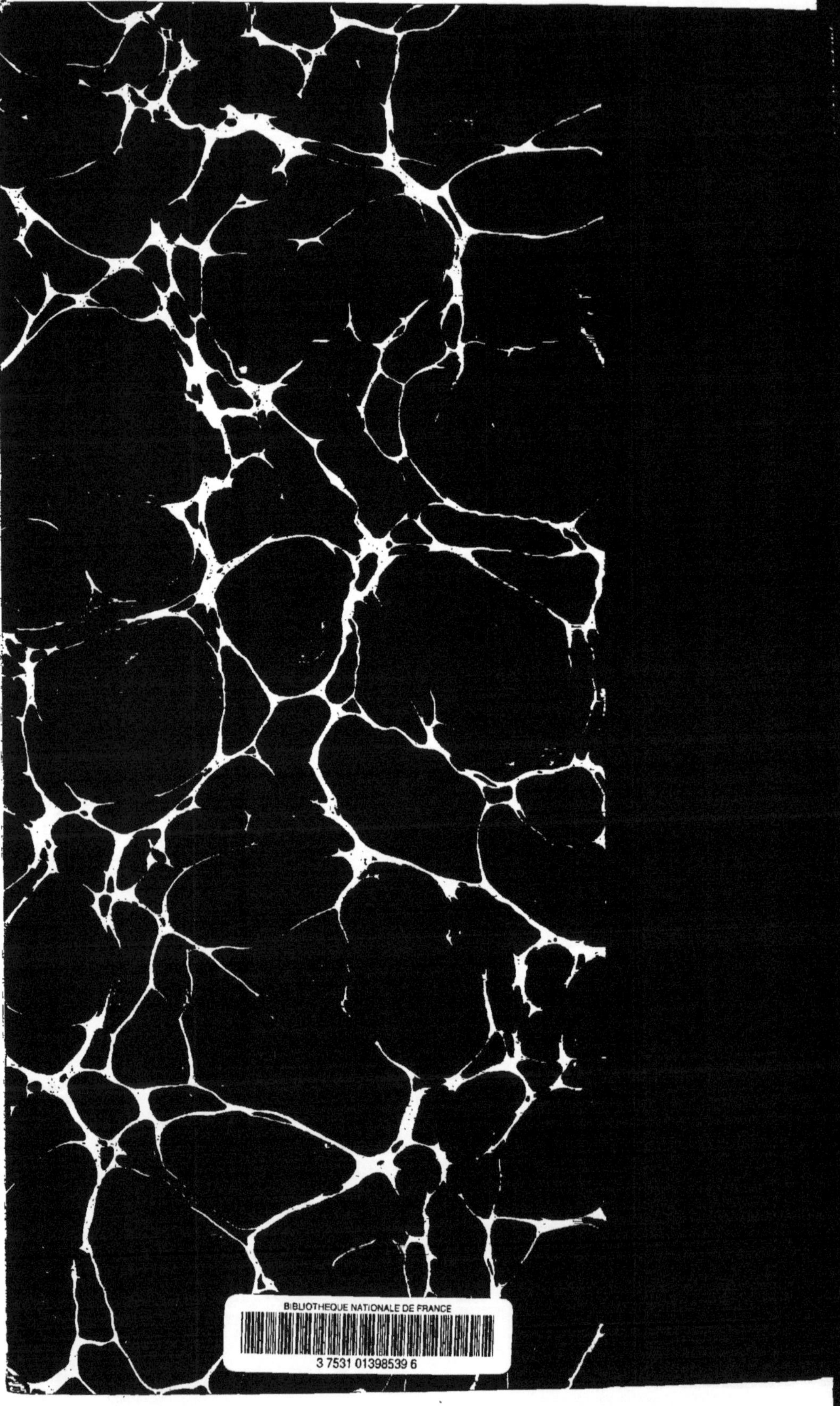
BIBLIOTHEQUE NATIONALE DE FRANCE
3 7531 01398539 6

www.ingramcontent.com/pod-product-compliance
Ingram Content Group UK Ltd.
Pitfield, Milton Keynes, MK11 3LW, UK
UKHW020118130726
13696UKWH00001B/104